올리버의 어마어마하게 경이로운 진화 이야기

호르헤 챔 글·그림 이충호 옮김 이융남 감수

Mirae N 아이세움

OLIVER'S GREAT BIG UNIVERSE 3 EVOLUTION CHANGES EVERYTHING!
Copyright ⓒ Text and illustrations copyright ⓒ 2025 Jorge Cham

All rights reserved.
Korean translation copyright ⓒ 2025 by Mirae N Co., Ltd
Korean translation rights arranged with The Gernert Company, Inc.
through EYA Co.,Ltd

이 책의 한국어판 저작권은 EYA Co.,Ltd 를 통해
The Gernert Company, Inc. 과 독점 계약한
주식회사 미래엔이 소유합니다.
저작권법에 의하여 한국 내에서 보호를 받는 저작물이므로
무단 전재 및 복제를 금합니다.

올리버의 어마어마하게 경이로운 진화 이야기

지은이 호르헤 챔 | **옮긴이** 이충호 | **감수** 이융남
찍은날 2025년 10월 21일 초판 1쇄 | **펴낸날** 2025년 10월 30일 초판 1쇄
펴낸이 신광수 | **CS본부장** 강윤구 | **출판개발실장** 위귀영
아동인문파트 김희선, 박인의, 설예지, 이현지 | **출판디자인팀** 최진아
디자인진행 Studio Marzan 김성미
출판기획팀 정승재, 김마이, 박재영, 이아람, 전지현
출판사업팀 이용복, 민현기, 우광일, 김선영, 허성배, 이강원, 정유, 정슬기, 정재욱, 박세화, 김종민, 정영묵
출판지원파트 이형배, 이주연, 이우성, 전효정, 장현우
펴낸곳 (주)미래엔 | **등록** 1950년 11월 1일 제16-67호 | **주소** 서울특별시 서초구 신반포로 321
전화 미래엔 고객센터 1800-8890 **팩스** 541-8249 | **홈페이지 주소** www.mirae-n.com

ISBN 979-11-7548-261-6 74450
ISBN 979-11-6841-754-0 74450 (세트)

＊책값은 뒤표지에 있습니다. 파본은 구입처에서 교환해 드리며, 관련 법령에 따라 환불해 드립니다.
다만, 제품 훼손 시 환불이 불가능합니다.

KC 마크는 이 제품이 공통안전기준에 적합하였음을 의미합니다.
사용 연령: 8세 이상

우주에서 가장 위대한
할아버지 애포와 할머니 에이컨에게
- 올리버

일러두기
- 인명, 지명 등의 고유 명사는 국립국어원 외래어 표기법에 따랐습니다.

목차

제1장 **끔찍한 고양이 지옥**	9
제2장 **원시 수프**	42
제3장 **오물 찌꺼기로 뒤덮인 행성**	69
제4장 **큰 물고기**	93
제5장 **공룡 대참사!**	122
제6장 **대멸종**	161
제7장 **개냐, 말이냐**	185
제8장 **최초의 사람**	209
제9장 **변하지 않는 것**	236
부록 만화 버사 박사의 파일: 기묘하고도 특이한 멸종 동물 연구!	241
더 배우고 싶은가요?	249
가족들에게 잘난 체하고 싶을 때 써먹을 수 있는 토막 지식	250
감사의 글	253
찾아보기	254

제1장
끔찍한 고양이 지옥

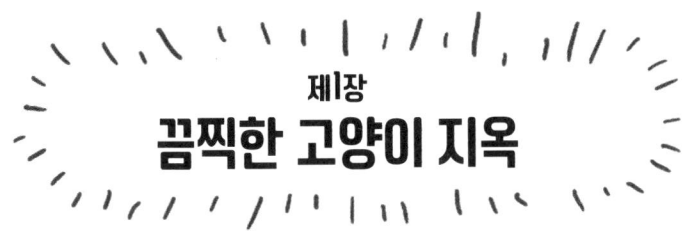

안녕!

내 새 책을 읽으러 와 줘서 고마워!
이 책을 왜 썼는지 설명하기 전에 내가 굶주린 고양이 무리에게 잡아먹힐 뻔한 이야기부터 할게.

그래, 알아. 다들 분명 속으로 이렇게 생각하겠지.
"고양이가 얼마나 깜찍한데! 파리 한 마리도 해치지 못한다고!"

하지만 그건 완전히 틀린 생각이야. 고양이는 타고난 **킬러**야. 내가 증명할 수 있어!

모든 일은 게임 때문에 시작됐어.
내 책을 읽었다면, 내가 게임을 얼마나 좋아하는지 잘 알 거야.
세상에서 가장 좋아하는 일 세 가지 중 두 개가 게임이야.

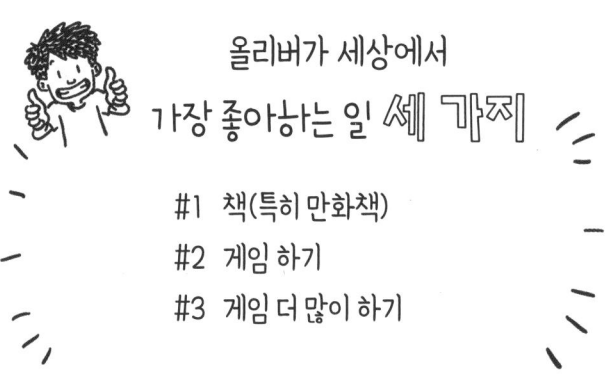

올리버가 세상에서 가장 좋아하는 일 세 가지

#1 책(특히 만화책)
#2 게임 하기
#3 게임 더 많이 하기

난 게임을 참 잘해.
그런데 지난주에는 아무도 나랑 게임을 하려고 하지 않는 거야!

처음에는 내 입냄새 때문인 줄 알았어. 일주일 내내
참치 샌드위치를 먹었으니 입에서 생선 냄새가 폴폴 났을 거야.

참치가 싫진 않지만, 엄마가 코스트코에서 대용량 참치 캔을 사 와서
매일 가방에 참치 샌드위치를 간식으로 넣어 준다고 생각해 봐.

아가미가 생길 듯이 갑자기 목덜미가 간질간질해지면서 바다로 가고 싶은 생각이 들지 않겠어?

그래서 하루는 점심을 먹고 나서 입을 헹구려고 구강 청결제를 챙겨 갔어. 그런데도 방과 후에 나와 게임을 하려는 친구가 **여전히** 아무도 없었어!

마침내 친구들도 뭐가 문제인지 털어놓았어.

내 컴퓨터가 얼마나 구린지 동네방네 소문이 나 있었던 거야. 하지만 이건 내 잘못이 아니야! 난 그저 아빠한테서 낡은 컴퓨터를 물려받았을 뿐이라고! 하긴 조금 구린 게 아니라 **완전 구리긴 해.**

그렇다고 내 말을 오해하진 말길. 난 갖고 놀 컴퓨터가 있다는 것만으로도 충분히 행복해. 다만 아빠가 미래에서 왔더라면 얼마나 좋았을까 하고 생각할 뿐이야.

그러면 이 구닥다리 컴퓨터가 거북이보다 더 느리진 않을 테니까!

어쨌든 느린 내 컴퓨터 때문에, 온라인 게임을 할 때마다 항상 우리 팀이 졌던 거야.

그래서 아무도 나랑 게임을 하려고 하지 않은 거였어. 지금 내게 절실히 필요한 것은 새 컴퓨터이고, 새 컴퓨터를 사려면 **돈**이 필요했지.

처음에는 부모님에게 컴퓨터를 사 달라고 졸라 보기로 했어. 물론 설득하기가 만만치 않을 거라 생각했지. 그래서 치밀하게 설명회까지 준비했어.

게임을 **많이** 하면, 숙제를 피하려고 꾀를 쓰는 시간이 **줄어들** 거라고 부모님을 설득했지.

맞아. 이 작전은 실패했어.

그다음에 나는 영화에서 본 것처럼 해 보기로 했어. 영화 속 아이들은 돈이 필요할 때 길에서 레모네이드를 팔더라고.

나는 가판대를 만들고, 심지어 간판도 내걸었어.

하지만 영화에서 알려 주지 않은 사실이 있었어. 바로 날씨를 미리 체크해야 한다는 거였지. 기껏 레모네이드 장사를 시작했는데, 비가 내린다면 어떻게 되겠어?

그래서 나는 일자리를 구하기로 했어.

학교가 끝난 후, 나는 이웃집들을 찾아다니면서 내가 할 만한
허드렛일이 없는지 물어보았어.
불행하게도 열한 살짜리가 할 수 있는 일은 그리 많지 않았지.

그러다가 마침내 동네 끝에 사는 버사 박사님이

일거리를 주셨지.

버사 박사님은 우리 동네 고양이 할머니야. 고양이를 100만 마리나 기르시거든. 아, 진짜 100만 마리는 아니야. 어쨌든 고양이가 **아주아주 많아.**

버사 할머니를 박사님이라고 부르는 이유는 과학자이시기 때문이야.
지금은 은퇴해서 놀고 계시지만, 젊을 때에는 아주 근사한 일을 하셨대.
바로 **고생물학자**로 활동하셨다지 뭐야.
고생물학자는 동물과 식물을 연구하는 직업이래.

고생물학자는 정말 근사한 직업이야. 오래전에 지구에서 살았던 동물과 식물이라면 모조리 다 연구하지. 그리고 그 동식물이 어떻게 해서 오늘날 우리 주변에 살고 있는 동식물로 변했는지도 연구해. 혹시 개와 고양이가 먼 옛날에 같은 조상에서 유래했다는 사실을 알고 있니?

정말이라니까! 버사 박사님은 약 5000만 년 전에 살았던 미아시드라는 동물이 개와 고양이의 조상이었다고 말씀하셨어. 미아시드는 나무 위에서 살면서 동물을 잡아먹었어.

그러다가 수백만 년이 지나는 동안 이 개-고양이 혹은 고양이-개 중 한 갈래는 고양이가 되었고, 다른 한 갈래는 개가 되었어.

그러니까 미아시드는 오늘날 우리가 보는 개와 고양이의 부모의
부모의 부모의 부모의 부모의 부모의 부모의 부모를 1500만 번쯤
거슬러 올라가면 만나게 되는 부모인 셈이지. 따라서 고양이가 개를
쫓아가는 것은 네가 사촌을 쫓아가는 것과 별반 다르지 않아.

세상에 고양이가 얼마나 많은지 확실히 아는 사람은 없지만,
대략 6억 마리로 추정된다고 버사 박사님은 말씀하셨어.
정말 어마어마하게 많지?
그중 꽤 많은 고양이가 버사 박사님 댁에서 살고 있어.

그래서 버사 박사님은 고양이 먹이 주는 걸 도와줄 사람이
필요하셨던 거야.
고양이 사료가 든 자루가 너무 커서 버사 박사님은 그것을 들어
옮길 때마다 힘들어하셨거든.

나는 있는 힘을 다해 자루를 들어 올려 고양이 그릇에 사료를 부었어.

그런데 그때 기묘한 일이 일어났어. 고양이들은 내가 부어 준 먹이에 별로 관심이 없는 것 같았어. 그들이 원하는 것은…… **나**였어!

그렇게 굶주린 킬러 고양이 무리의 공격이 시작되었어!

과장된 이야기 같지만, 사실이야! 증명할 수 있어!
고양이가 왜 잔인한 킬러인지 세 가지 이유를 대 볼게.

#1: 고양이는 사자와 호랑이와
아주 가까운 친척 사이야. 그리고 검치호하고도!

앞에 나왔던 미아시드 중 일부는 약 3000만 년 전에
프로아일루루스라는 동물로 변해 갔어. 프로아일루루스는
오늘날의 집고양이와 똑같지는 않았지만, 그래도 꽤 비슷했어!

프로아일루루스

아직 나무 위에서 생활함.

그러다가 프로아일루루스는 여러 갈래로 갈라지게 되었지.
일부는 집고양이가 되었고, 일부는 사자와 호랑이가 되었고,
일부는 **검치호**가 되었어.

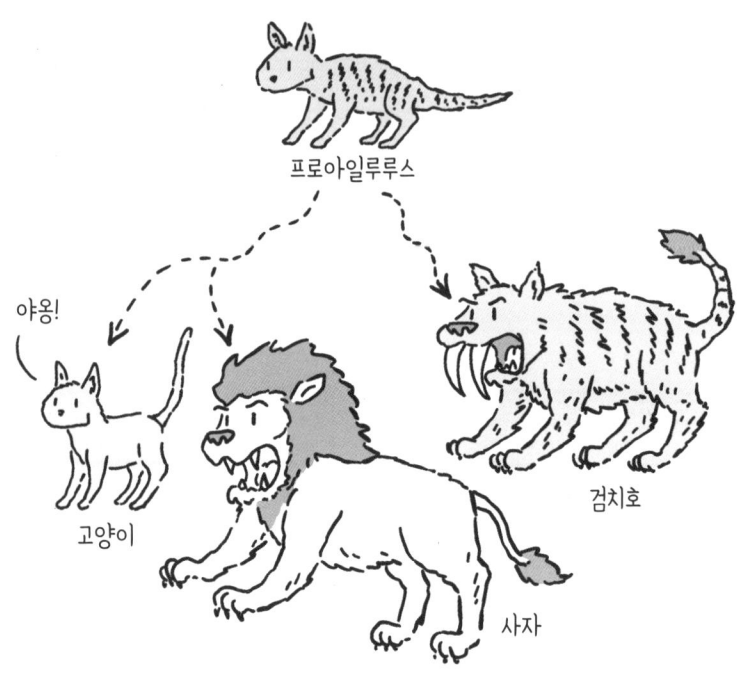

다시 말해서, 고양이와 사자와 검치호는 모두 동일한 동물에서 유래했어. 오늘날 우리가 알고 있는 고양이는 이 사나운 킬러 짐승들의 미니 버전인 셈이야. 버사 박사님은 고양이 뼈와 사자 뼈를 구별하기가 매우 어렵다고 말씀하셨어. 크기 차이만 날 뿐이라고 하셨지.

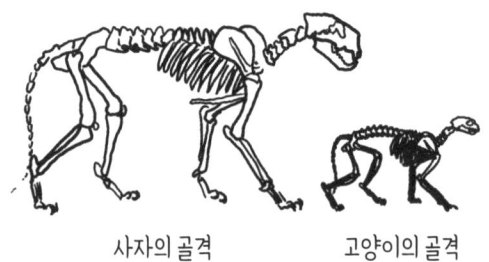

검치호는 아주 멋진 동물이야. 약 1만 년 전까지 살다가 멸종했는데, 앞쪽에 난 송곳니가 엄청나게 **컸어**.
길이가 무려 28cm나 되는 송곳니도 있었대!

최대 28cm

사람 얼굴보다 긴 송곳니라니! 기묘한 사실은 검치호가 왜 이렇게 긴 송곳니를 가졌는지 과학자들도 잘 모른다는 거야.
너한테 이렇게 긴 송곳니가 돋아 있다고 생각해 봐.
음식을 먹을 때 얼마나 불편하겠어?

어…….

오늘날의 고양이는 검치호의 후손이 아니야.
사촌도 아니고 육촌이나 팔촌 관계쯤 된다고 볼 수 있지.
하지만 그렇게 거대하고 사나운 짐승과 친척이라면,
고양이도 검치호 못지않게 사나운 본능을 가지고 있을 거야.

#2: 고양이는 킬러 사냥꾼으로 태어났어.

사자, 검치호와 마찬가지로 고양이에게도 잔인한 사냥꾼의 특성이
몇 가지 있어. 첫째, 고양이에게는 접었다 폈다 할 수 있는 발톱이 있어.
고양이 발이 귀엽고 보송보송한 솜털로 덮여 있다고 생각하기 쉽지만,
언제든지 아주 날카로운 발톱이 쑥 튀어나올 수 있어.

고양이 발톱의 작용 원리는 간단하면서도 정교해.
고양이는 발가락 끝에 특별한 관절이 있는데, 이 관절을 뒤쪽으로
구부릴 수 있어. 이 관절을 사용해 발톱을 감출 수 있지.
그러다가 발톱을 꺼내고 싶을 때 발가락 끝을 앞쪽으로 펴면
발톱이 쑥 튀어나오는 거야!

버사 박사님은 고양이가 왜 이런 발톱을 가지고 있는지 과학자도 잘 모른다고 말씀하셨어. 하지만 고양이는 수백만 년 동안 이런 발톱을 가지고 살아왔어. 미아시드 중 일부도 이런 발톱을 가지고 있었고, 프로아일루스도 마찬가지였어. 어떤 과학자는 이런 능력 때문에 고양이가 발톱을 더 날카롭게 유지할 수 있다고 생각해. 걷거나 달릴 때 발톱이 바닥이나 물체에 부딪쳐 깨지거나 닳지 않도록 보호할 수 있으니까.

어떤 과학자는 발톱을 숨기면 고양이가 사냥을 하거나 살금살금 돌아다닐 때 발소리를 줄일 수 있다고 생각해. 반면에 개는 발톱을 접었다 폈다 할 수 없어서 발톱이 작은 돌이나 바닥에 부딪칠 때 더 큰 소리가 나지.

또한 고양이에게는 사냥하거나 다른 동물을 잡아먹을 때 특히 편리한 이빨이 있어.
네 입속을 한번 들여다봐. 여러 종류의 이가 있어.
베어 무는 데 편리한 날카로운 앞니도 있고,
씹는 데 편리한 어금니도 있어.

하지만 고양이에게는 **오로지** 콱 무는 이빨만 있어!
모든 이빨이 날카롭다 보니 고기를 찢기에 아주 편리해.

고양잇과 동물은 약 3000만 년 전의 프로아일루루스 시절부터 이런 이빨을 가지고 살아왔어. 덕분에 고양잇과 동물은 위험한 사냥꾼이 될 수 있지만, 불행하게도 이런 이빨로는 먹이를 제대로 씹을 수가 없어. 찢어 낸 고깃덩어리를 통째로 삼켜야 해.

버사 박사님 댁 고양이들에게 쫓기면서 내 머릿속에는 고양이들에게 갈기갈기 찢기는 악몽이 펼쳐졌어.
필사적으로 마당을 빙 돌아 뛰면서 고양이들을 따돌리려고 애를 썼지만, 그들은 무척 빨랐어. 나는 고양이들에게서 벗어나려고 나무 위로 기어올랐어.

그때 나는 고양이에게 날카로운 발톱이 있는 이유를 또 하나 발견했어. 발톱은 나무를 오르는 데 아주 쓸모가 있었어.

버사 박사님은 고양이와 개의 차이점을 하나 더 알려 주셨어.

고양이는 앞발을 옆으로 돌려 가운데로 모을 수 있는 반면에
개는 앞발을 옆으로 돌릴 수 없고 위와 아래로만 움직일 수 있대.

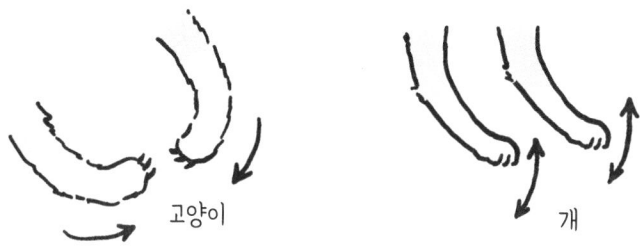

그래서 고양이는 나무를 껴안은 자세로 기어오를 수 있어.
개가 고양이처럼 실뭉치를 갖고 놀 수 없는 것도 이 때문이야.
개는 실뭉치를 한 발로 붙잡아 다른 발로 건네줄 수 없어.

고양이의 날카로운 발톱과 가운데로 모을 수 있는 앞발은 나무를 **오를**
때에는 도움이 되지만, **내려갈** 때에는 아무 도움이 되지 않아.
가끔 고양이가 나무 위에서 오도 가도 못하는 신세가 되는 것은
이 때문이야. 나에겐 정말 다행이었지.

덕분에 나무 위에서 발이 묶인 고양이들을 피할 수 있었지만,
나무 밑에는 다른 고양이들이 눈에 불을 켜고 기다리고 있었어.
눈에서 레이저가 나오는 줄 알았다니까!
정말 킬러 같았어.

이런 소동을 겪다 보니, 도대체 누가 애초에 킬러 고양이를 애완동물로 기르려는 생각을 했을까 하는 의문이 들었어. 여기서 고양이가 킬러 사냥꾼인 세 번째 이유가 떠올랐어.

#3: 고양이는 아직도 킬러 사냥꾼이야!

버사 박사님 말에 따르면, 약 1만 년 전까지만 해도 고양이를 애완동물로 키운 사람은 아무도 없었대. 고양이는 야생에서 먹잇감을 사냥하며 살아가던 동물이었고 인류, 즉 사람은 아직 도시나 마을을 이루어 정착 생활을 하지 않았거든. 그저 이리저리 떠돌아다니면서 구할 수 있는 것이라면 무엇이든 먹고 살았지.

그러다가 인류는 마을과 농경지를 만들기 시작했고, 식량을 저장하는 창고도 지었어. 이 때문에 생쥐와 쥐가 많이 몰려들었지. 그러다 보니 야생 고양이도 마을 부근에 많이 살게 되었어.

결국 고양이는 사람과 함께 어울려 지내는 데 익숙해졌고,
사람도 고양이와 함께 어울려 사는 데 익숙해졌지.
이렇게 해서 고양이가 애완동물이 된 거야.

버사 박사님은 가장 오래전에 살았던 애완 고양이의 흔적이
지중해의 키프로스섬에서 발견되었다고 말씀하셨어.
약 9500년 전에 살았던 어떤 사람이 고양이를 너무 좋아했던 나머지
자기 무덤 옆에 고양이 무덤을 만들었던 거야.

이것은 적어도 약 9500년 전에는 고양이가 애완동물이었다는 뜻이야.
이를 흔히 '가축화'라고 해. 과학자들은 오늘날 우리가 애완동물로
키우는 고양이는 거의 다 아프리카들고양이라는
야생 고양이종에서 유래했다고 생각해. 그 야생 고양이는
사람들이 처음 농경지와 마을을 만들기
시작한 중동 지역에서 살았어. 따라서
모든 애완 고양이와 길고양이는
아프리카들고양이의 자식의 자식의
자식의 자식의 자식을 한 5000번쯤
반복해 내려와서 만난 자식이야.

흥미롭게도, 과학자들이 애완 고양이와 도시에서 멀리 떨어진 곳에서 살아가는 야생 고양이를 비교해서 연구했더니 둘은 별 차이가 없는 것으로 드러났어. 고양이는 가축화가 되고 나서도 야생 상태에서 거의 변하지 않은 거야!
그러니까 우리가 보는 애완 고양이는 수백만 년 전에 야생에서 살아가던 킬러 사냥꾼과 별다를 게 없다는 이야기지.

고양이들이 마침내 나를 버사 박사님 댁 뒷마당 구석으로 몰아넣었을 때, 나는 이 사실을 확신할 수 있었어.

이제 이 킬러 사냥꾼들의 날카로운 앞니와 뽀족한 송곳니와 발톱에 온몸이 갈기갈기 찢겨 나가겠구나 하고 체념하려던 순간, 뭔가 이상한 냄새가 났어.

이상한 냄새의 정체는 바로…….

아까 커다란 고양이 사료 자루를 들어 올리다가 뭔가에 부딪쳤고, 그 바람에 엄마가 가방에 넣어 준 참치 샌드위치가 도시락통에서 빠져나왔나 봐.
고양이들이 나를 쫓아온 것은 바로 참치 샌드위치 때문이었던 거야!

잡아먹히는 줄로만 알았는데, 고양이들이 정작 원한 것은
내 참치 샌드위치였어.

물론 참치 샌드위치를 빼앗으려고 고양이들이 나를 갈기갈기
찢어발기지 않았을 거라고 누가 장담할 수 있겠어?

제2장
원시 수프

결국 그 일이 벌어지고 말았어.
내가 과학자 지망생에서 **미치광이** 과학자가 되어 버린 거야.

걱정하지 마. 세상을 정복하겠다는 건 아니니까.
하마터면 어떤 선생님을 중독시킬 뻔했지만 말이야.

내 말을 좀 들어 봐. 이웃집에서 아르바이트를 해서 돈을 모아
컴퓨터를 사겠다는 내 계획은 순조롭게 진행되고 있었어.
그러던 어느 날, 나는 새로운 사실을 깨닫고 망연자실했어.
새 컴퓨터 가격이 엄청나게 **비싸지** 뭐야.

아르바이트만으로는 그렇게 많은 돈을 금방 모을 수 없었어.
고양이를 돌보는 대가로 내가 받는 돈은 하루에 겨우 1달러에
불과했거든.
평생 동안 가르랑거리며 일해도 컴퓨터를 살 돈을 벌기는 힘들 것
같았어! 야옹!

다행히도 멋진 아이디어가 떠올랐어.
바로 책을 써서 베스트셀러로 만드는 거야!

정말 굉장한 계획이지?
내가 저번에 화산에 관한 책을 썼을 때, 다들 내 책을 좋아했고
심지어 몇 명은 돈을 주고 사겠다고까지 했거든.

아쉽게도 학교 과학 박람회에 제출하기 위해 쓴 책이라 팔 수 없었어.
역대급 구토 사건, 여러 가지 암석, 물고기 똥이 등장하는
상당히 긴 이야기인데 아직 읽지 않았다면 꼭 읽어 봐.
이렇게 중요한 주제를 세 가지나 다룬 책을 어디서 또 볼 수 있겠어?

곰곰이 생각해 보니, 또 다른 책을 써서 **팔면** 모든 문제가 해결될 것 같았어.

우리 반의 베이라는 친구는 얼마 전에 새 컴퓨터를 샀어.
학교에서 온갖 물건을 팔아 돈을 벌었거든.
베이는 부모님과 함께 코스트코에 가면 캔디 200개를 17달러에 사 와.
그리고 그걸 학교에 가져와 개당 25센트에 팔았어!

마치 수학 문제 같은 이야기지.

"베이가 캔디 200개를 17달러에 샀다. 캔디를 개당 25센트에 판다면, 베이가 얻는 이익은 얼마일까?"

직접 계산해서 답을 알아내 봐.

화장실에서 이걸 읽고 있는데, 부모님이 왜 그리 오래 걸리냐고 묻는다면 수학 문제를 풀고 있다고 해.

친구 아나와 스벤에게 내 계획을 들려주자, 둘은 크게 흥분했어.

심지어 책에서 어떤 내용을 다루면 좋을지에 관한 아이디어도 내놓았어.

그렇지! 아이들에게 책을 팔려면, 당연히 아이들이 좋아할 만한 내용을 다루어야 해. 그리고 아이들은 동물을 좋아하잖아? 고양이, 개, 말……. 귀엽고 보들보들한 털로 뒤덮인 동물을 좋아하지 않는 아이가 있겠어?

그때 아나가 더 좋은 아이디어를 내놓았어.

진화는 책으로 쓰기에 아주 좋은 주제야.

살아 있는 생물이 시간이 지나면서 어떻게 변하고, 새로운 생물이 어떻게 생겨나는지 설명해 주지.

동물들이 어떻게 생겨났는지 생각해 본 적이 있니?

태양계에서 동물이 사는 행성이 지구밖에 없다는 사실이 몹시 기이하긴 해. 화성, 금성, 목성을 비롯한 다른 행성에는 살아 있는 생물이 전혀 존재하지 않아.

지금까지 밝혀진 바로는 말이야.

모두 어디에 있을까?

게다가 나는 이 책을 쓰는 데 큰 도움을 줄 사람을 알고 있어.

버사 박사님은 동물과 식물의 진화라면 모르는 게 없는 전문가이시지. 도울 수 있는 건 돕겠다고 약속도 하셨어. 그래서 나는 버사 박사님 댁에 가서 고양이 사료를 주는 귀찮은 일을 계속할 생각이야. 그때마다 공책을 가져가 버사 박사님에게 질문을 던지고 그 답변을 받아 적을 거야.

그러고 보니 요리 수업 시간에 일어난 나의 미치광이 과학자 실험이 떠오르네. 요리 수업 담당인 가부치언 선생님은 그 수업을 '요리 예술'이라고 부르셨지.

왜 그냥 요리 수업이라고 부르지 않느냐고 물어보았더니,
선생님은 몹시 언짢은 표정을 지으시더라고.

내가 토스트를 태우는 데 일가견이 있다고 말했던가?
난 요리에 그렇게까지 진심은 아니야. 먹는 것에 훨씬 진심이지.
하지만 우리 학교에서는 매 학기마다 무작위로 배정된 과목을
하나씩 들어야 해. 이번에 배정된 과목은 요리였어.
요리 수업은 그렇게 나쁘지 않았지. 가부치언 선생님은
한 조에 네 명씩 배정했고, 우리는 일을 분담했어.

하지만 중간고사 때에는 각자 가져온 레시피로 교실에서 직접
요리해야 했어. 그런데 늘 그렇듯 레시피 가져오는 걸 잊어버렸지 뭐야.

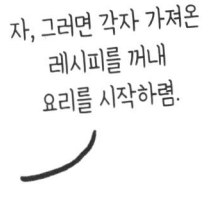 

가부치언 선생님은 내게 그릴드 치즈 샌드위치를 만들면 어떻겠냐고 말씀하셨지만, 그리 좋은 생각 같지 않았어. 그릴드 치즈 샌드위치를 만드는 것은 토스트를 굽는 것과 매우 비슷해 보였거든.
교실에서 화재경보기가 울린다면, 그때도 가부치언 선생님은 요리 수업을 예술이라고 생각하실까?

그래서 나는 수프를 만들기로 결정했어.
버사 박사님이 지구에서 진화와 생명이 시작된 것은 수프 때문이라고 하신 말이 떠올랐기 때문이야.

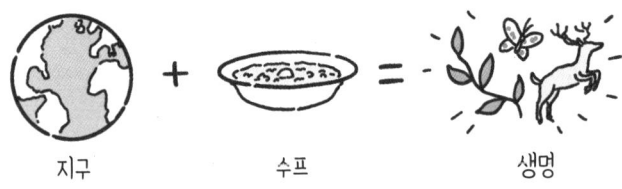

약 45억 년 전에 지구가 탄생했을 때,
지구는 거대한 마그마 덩어리였다고 버사 박사님은 말씀하셨어.

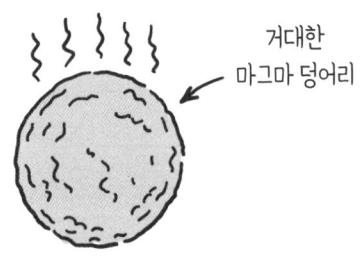

그런데 수백만 년이 지나자 표면의 마그마가 식어서 굳었고,
지구는 거대한 암석 덩어리가 되었지.
산과 암석 외에는 아무것도 없었어.

그러고 나서 지구는 **땀**을 뻘뻘 흘리기 시작했어.
지구 속 마그마에 갇혀 있던 물 중 일부가 화산이 분화할 때 밖으로 나온 거야.

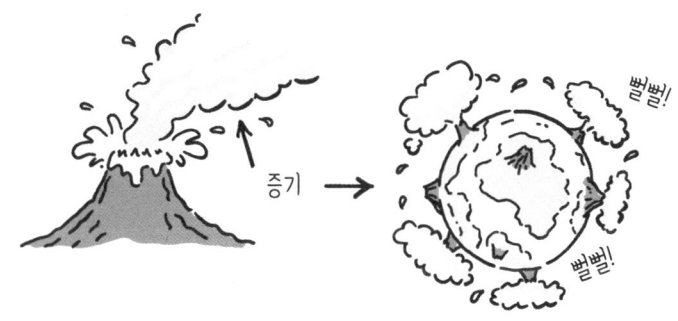

그리고 그 물이 비가 되어 내리면서 연못과 호수, 바다가 생기기 시작했지.

그 물은 그리 깨끗하진 않았어. 암석과 공기 중에 있던 잡다한 물질이 마구 섞여 있었지.
마치 **수프**처럼 말이야.

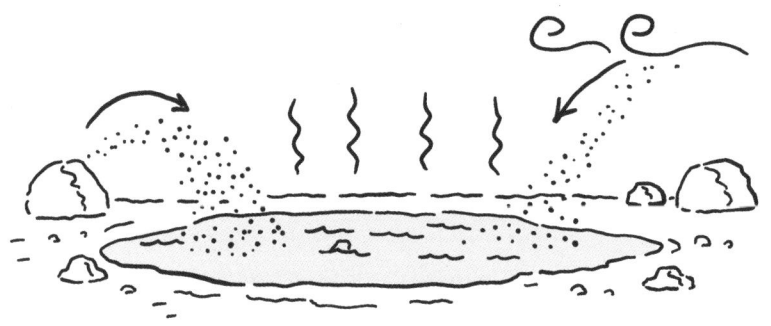

과학자들은 이것을 **원시 수프**라고 불러.

'원시'란 아주아주 오래되었다는 뜻이야.

그리고 바로 이 원시 수프에서 최초의 생명체가 나타났어.

과학자들이 추정하는 시나리오는 다음과 같아.

원시 수프에는 탄소, 질소, 암모니아, 산 같은 기본 재료 성분이 많이 포함돼 있었어.

이 성분들은 물속에서 이리저리 떠다니고 있었지.

기본 재료 성분

가끔 이 성분들이 서로 충돌하면서 합쳐지면, 더 커지기도 했어.

이건 마치 장난감 블록들을 욕조 속에 쏟아부어 놓은 것과 비슷해.

장난감 블록이 든 욕조의 물을 오래 휘젓다 보면, 블록들이 서로 들러붙어 결합하기도 하겠지.

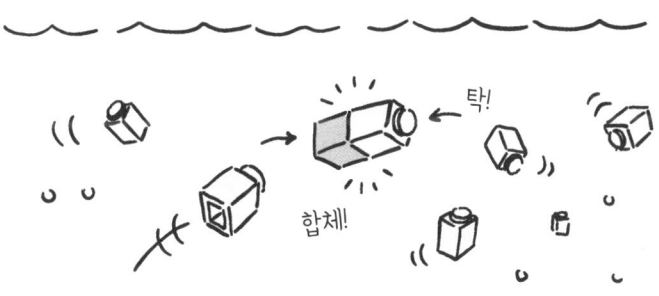

그렇게 계속 휘젓다 보면, 이 블록이 다시 다른 블록과 결합하면서 더 큰 덩어리가 될 거야.

자, 이번에는 지구만 한 크기의 욕조가 있다고 상상해 봐.
그리고 재료 성분들이 들어 있는 욕조의 수프를 수백만 년 동안
휘젓는 거야.

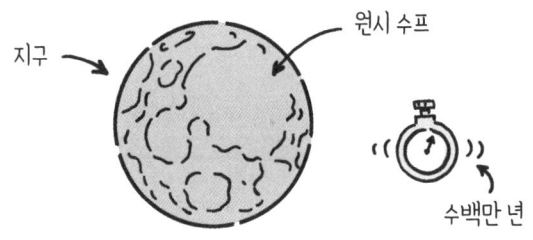

과학자들은 그 성분들이 결합해 아주 멋진 것이 만들어졌다고 생각해.
바로 스스로 복제할 수 있는 존재 말이야.

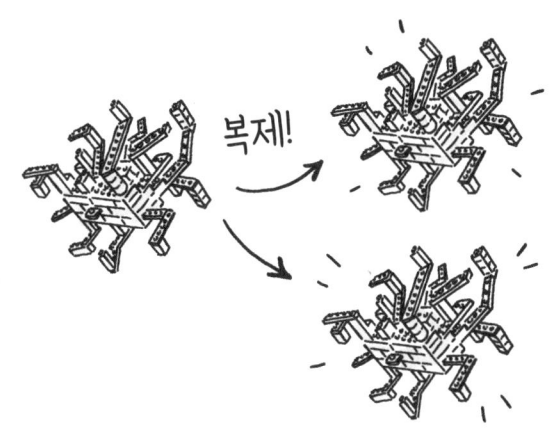

과학자들은 이것을 최초의 생명체라고 불러. 또한 이것이 살아 있었다고 생각했어. 자신과 똑같이 생긴 아기를 만들 수 있으니까 말이야.

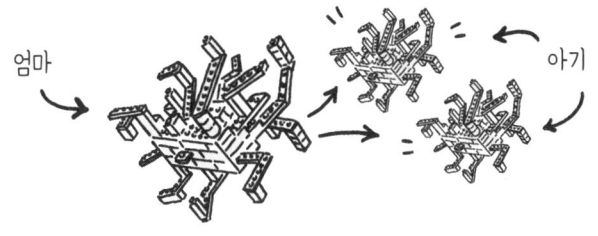

이렇게 해서 지구에 최초의 생명체가 나타나게 된 거야. 그것이 어떻게 생겼고, 어떤 성분으로 만들어졌는지는 과학자들도 확실히 몰라. 다만 원시 수프 속에서 떠다니던 성분들이 합쳐져서 만들어졌다고만 추측할 뿐이야.

나는 요리 수업, 그러니까 요리 예술 시간에 그 전략을 사용해 보기로 했어.

레시피가 없었기 때문에, 식료품 저장실에서
그냥 닥치는 대로 재료를 많이 가져왔어.

원시 수프에서 많은 재료 성분을 섞은 결과 경이로운 생명체가
탄생한 것처럼, 많은 재료를 집어넣고 잘 섞으면
아주 맛있는 수프를 만들 수 있지 않을까?

옥수수 시리얼을 넣고…….

콩도 넣고…….

참치도 좀 넣고…….

탄산음료도 한 병 넣고…….

식료품 저장실에 있던 재료를 몽땅 다 집어넣었지. 하지만 아직도 뭔가 부족하다는 생각이 들었어.

그러다가 번쩍 떠올랐어. 바로 에너지였지!
버사 박사님은 원시 수프의 성분들을 뒤섞는 것만으로는
생명이 만들어지기에 충분치 않다고 말씀하셨어. 그 성분들을
모두 결합시키려면 뭔가 특별한 것이 필요하다고 하셨지.

어떤 과학자는 원시 수프에 번개가 떨어졌을 때, 그 에너지 덕분에 딱 알맞은 성분들이 서로 결합했을 거라고 생각해.

또 어떤 과학자는 해저 **화산** 옆에 있던 열수 분출공에서 나온 열 덕분에 성분들이 결합했을 거라고 생각해. 열수 분출공이란 깊은 바다 밑바닥에서 뜨거운 물이 솟아 나오는 구멍을 말하지.

나는 수프에 에너지를 가하기로 마음먹고
버너의 온도를 최대한으로 올렸어.

얼마 후, 잡탕 수프가 끓기 시작했지.

꽤 즐거운 시간이었어. 가부치언 선생님이 돌아다니면서 이렇게 말씀하시기 전까지는 말이야.

갑자기 걱정이 되기 시작했어. 내가 뭔가 잘못했으면 어쩌지? 모든 성분을 다 집어넣은 것이 형편없는 생각이었으면? 수프 맛이 아주 끔찍하다면?

버사 박사님은 원시 수프에 관한 과학자들의 생각이 틀릴 수도 있다고 말씀하셨어. 지구가 그렇게 어렸을 때에는 생명이 스스로 생겨나는 게 불가능했을 수도 있다는 거야.

물이 충분하지 않았거나, 생명이 탄생하는 데 필요한 성분이
부족했거나, 지구가 너무 뜨거웠을 수도 있어.

너무 오래전 일이라 그때 무슨 일이 일어났는지는 정확히 알기 어려워.
무려 약 40억 년 전의 일이라고.
심지어 어떤 과학자는 생명 또는 생명을 이루는 데 필요한 기본 성분이
지구에서 만들어진 것이 아니라, **우주**에서 날아왔다고 생각해!

버사 박사님은 소행성이나 다른 태양계의 행성에서 날아온 암석
조각에 지구에서 생명이 생겨나는 데 필요한 성분이 포함돼 있었을
가능성이 있다고 말씀하셨어. 혹은 이미 살아 있던 생명체가
실려 왔을 수도 있지.

그렇다면 지구에 존재하는 모든 생명은 사실은 지구가 아니라 우주에서 왔을 수도 있어!
언젠가 외계인을 만난다면, 우리와 외계인은 생각보다 공통점이 많을지도 몰라.

하지만 그런 걸 생각할 때가 아니었어. 가부치언 선생님이 내 수프를 맛보려고 하셨거든.

선생님은 먼저 냄새를 맡아 보셨어.

그리고 한 숟가락을 퍼 올려 후후 불어 식히더니……. 꿀꺽 삼키셨지!

그러더니 목이 막혔는지 캑캑거리기 시작하셨어!

그 순간, 내가 선생님에게 독을 먹인 건 아닌가 하는 생각이 머리를
스쳤어. 그동안 살아온 내 인생이 주마등처럼 지나갔지.
지구처럼 45억 년이나 산 건 아니기 때문에, 그렇게 긴 순간은
아니었지만 말이야. 놀랍게도 선생님은 멀쩡하셨어.

헛기침을 한 번 하더니 이렇게 말씀하셨지.

이렇게 운이 좋다니, 믿을 수가 없었어!
모든 재료를 마구 섞어서 만들었는데, 꽤 맛난 수프가 된 거야.
그런 결과가 나올 확률이 얼마나 될까? 아마도 지구에서
생명이 탄생한 확률만큼이나 희박하지 않을까?

지구의 생명 역시 성분들이 무작위로 마구 섞인 결과로 탄생했지. 이 사실을 알고 나니 살아 있다는 것이 얼마나 운이 좋은 건지 깨닫게 되었어.

가부치언 선생님은 더더욱 말이야!

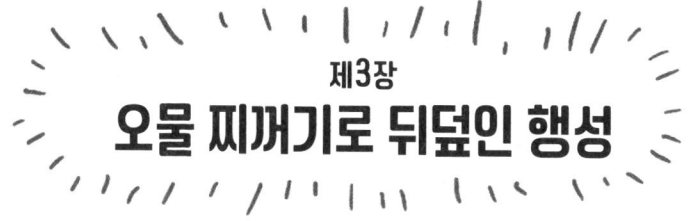

제3장
오물 찌꺼기로 뒤덮인 행성

오늘 나는 머리끝부터 발끝까지 오물 찌꺼기를 뒤집어쓰는 불운한 사고를 당했어. 그래, 맞아. 연못에 떠 있는 역겨운 **부유물** 말이야!

학교가 끝난 후, 나는 아르바이트를 하러 버사 박사님 댁으로 갔지. 노크를 하기 전에 혹시 가방 속에 참치 샌드위치가 들어 있는지 확인하는 것도 잊지 않았어.

또다시 고양이들의 공격을 받고 싶진 않았거든. 진심이야.
괜히 고양이처럼 야옹거리는 게 아니라니까!
내가 고양이 농담 좋아한다고 했지?

버사 박사님은 문을 열고 나를 맞아 주시면서,
오늘 나한테 딱 맞는 일이 있다고 하셨어.

혹시 그 일에 킬러 고양이 무리가 나를 쫓아오는 것도 포함되느냐고 물었더니, 버사 박사님은 아니라고 말씀하셨어.

우리는 거실을 지나 뒤뜰로 갔어.

버사 박사님 댁은 생각보다 지저분했어.

솔직히 내 방보다 더 심했어.
그러니까 완전히 난장판이라는 이야기지.
내 방을 본 사람은 토네이도와 지진과 해일과 열차 사고가 한꺼번에 다 일어난 것 같다고 말할걸?
그런데 버사 박사님 댁은 그보다 더하다니까!

나는 이 잡동사니들이 대체 다 무엇이냐고 물어보았어.

버사 박사님은 고생물학자로 일했을 때부터 작성한 메모와 책과 학술지가 쌓여 있는 거라고 말씀하셨어. 과학자로 일하던 시절에 버사 박사님은 전 세계를 돌며 화석을 찾아다니셨대.
화석은 아주 먼 옛날에 죽은 동물이나 식물의 유해가 암석 속에 남아 있는 거야.

버사 박사님은 500만 년 전에 살았던 마스토돈의 엄니를 찾으려고 북극까지 가신 적도 있대.

벨로키랍토르 발톱을 찾으러 몽골에 가신 적도 있고 말이야.

칼리코테리움 이빨을 찾으러 파나마 정글에 가신 적도 있어.
칼리코테리움은 아주 오래전에 그곳에 살았던 기이한 동물로,
말과 고릴라의 잡종처럼 생겼대.

화석에 관한 더 자세한 이야기는 다른 장에서 들려줄게.
버사 박사님의 모험은 아주 멋져 보였어.
버사 박사님은 논문을 쓰려고 오래전부터 이 자료들을 정리해 왔는데,
시간이 너무 오래 걸린다고 말씀하셨어.

나는 박사님에게 내가 물건들을 정리할 때 쓰는 방법을 추천했어.
웬만한 건 모조리 침대 밑으로 밀어 넣는 거야.

우리는 집 밖으로 나갔어. 버사 박사님 댁은 동네 맨 끝에 있기 때문에, 뒤뜰이 아주아주 넓었어.

마침내 오늘 일할 곳에 도착했어.

버사 박사님 댁 뒤뜰에는 연못이 있었는데, 아주 역겨웠어. 처음에는 멋지게 만든 연못이었겠지만, 언제부턴가 관리를 전혀 하지 않은 것 같았지.

지금은 **더러운 부유물**이 연못 위를 온통 뒤덮고 있었어.

그래, 맞아. 나도 너희와 똑같은 반응을 보였어. 우웩!

이것도 역겹지만, 훨씬 더 역겨운 게 있어.
온통 더러운 부유물로 뒤덮인 **행성**을 한번 상상해 봐.

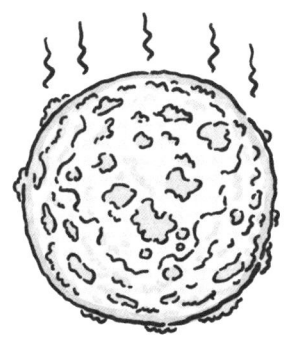

듣기만 해도 정말 토할 것 같지?
그런데 그저 상상이 아니라 실제로 그런 일이 있었다니까!
버사 박사님은 한때 지구가 그런 상태였다고 말씀하셨어.
30억 년 전에 지구 전체는 더러운 부유물로 뒤덮여 있었어.

과학자들은 지구의 초창기에 이런 일이 일어났다고 이야기해.
지구에서 생명이 나타난 시기가 약 40억 년 전이라고
이야기한 거 기억하지?
최초의 생명체는 그저 기본 재료 성분들이 합쳐진 것에
지나지 않았어.

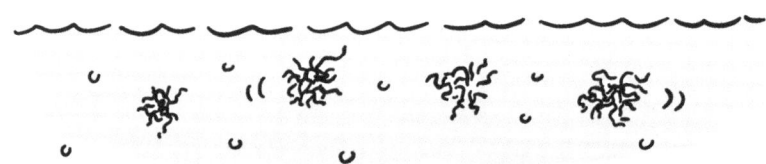

그러다가 약 38억 년 전, 생명체는 막으로 자신의 몸을 둘러싸게
되면서 **미생물**이 되었지.

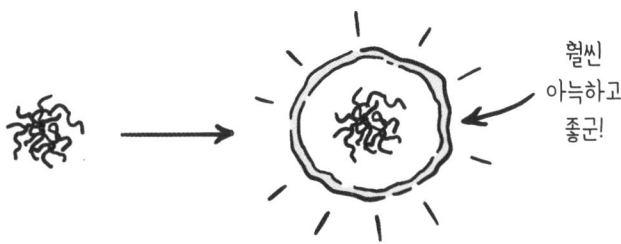

미생물은 맨눈으로 볼 수 없을 만큼 아주 작은 생명체를 말해.
세균처럼 말이야. 연못에 떠 있는 부유물도 미생물이 모인 거야.
많은 미생물이 서로 들러붙어 덩어리가 된 거지.

버사 박사님은 그 당시 지구에는 많은 종류의 미생물이 존재했는데,
그 후 약 30억 년 동안 지구에 존재한 생명체는 미생물뿐이었다고
말씀하셨어. 즉, 약 38억 년 전부터 8억 년 전까지
지구에 생명이라고는 세균과 미생물뿐이었지.

다시 말해서, 30억 년 동안 지구에는 암석과 물과 부유물밖에
없었다는 거야.

지구의 나이가 약 45억 년이니까, 30억 년은 상당히 긴 시간이야.
사실상 지구는 대부분의 시간을 오물 찌꺼기로 뒤덮인 상태로
보낸 셈이지.

지금 나 더럽다고
생각하는 거야?

버사 박사님이 이 귀찮은 일을 맡기신 이유가 바로 이거였어.
지구가 생긴 이후 오랫동안 존재한 생명체가
대체 어떤 모습이었는지 자세히 들여다볼 기회를 주신 거야.

연못이 너무 지저분해 보인다고 말하자, 버사 박사님은 좋은 생각이 있다고 말씀하셨어.

그리고 우리가 입을 옷을 갖고 돌아오셨어.

버사 박사님이 화산 근처에서 화석을 찾으러 다니던 시절에 입었던 보호복이었지.

화산이 폭발할 때, 뜨거운 화산재가 뿜어져 나와서
경사면을 따라 아주 빠른 속도로 쏟아져 내려오거든.

화산재가 지나가는 곳에 있는 것은 모조리 화산재 속에 묻히고 말지.
우연히 그곳에 있던 동물과 식물도 예외가 아니야.
동물과 식물은 화석으로 변하기 전에 먼저 뜨거운 화산재에
바싹 구워지지.

다시 연못 이야기로 돌아와서, 우리는 보호복을 입고 작업을 시작했어.

오물 찌꺼기를 걷어서 양동이에 담는 작업을 막 시작했을 때, 어디선가 야옹 하는 소리가 들려왔어.

우리는 잠시 작업을 멈추고 귀를 기울였어.

고양이 울음소리가 또 한 번 들렸어.

이렇게 해서 나는 온몸에 오물 찌꺼기를 뒤집어쓰게 된 거야.
고양이들이 이렇게 나를 또 골탕 먹인 거지.

오물 찌꺼기를 뒤집어썼을 때 최악인 게 뭔지 알아?
역겹고 끈적끈적한 느낌은 아무것도 아니야.
가장 괴로운 것은 아주 지독한 방귀 냄새 같은 악취지!

버사 박사님은 미생물도 방귀를 뀐다고 말씀하셨어. 그리고 그건 좋은 일이래! 지구가 처음 생겨났을 때, 대기에는 산소가 전혀 없었어. 사람뿐 아니라 동물이 살아가기 위해 숨 쉬는 데 꼭 필요한 기체가 없었던 거지.

그런데 약 27억 년 전에 일부 미생물이 남세균이라는 특별한 종류의
세균으로 진화했어. 남세균은 '시아노박테리아'라고도 해.

남세균은 햇빛과 물을 사용해 영양분을 만들고,
산소를 방귀로 내뿜었어.

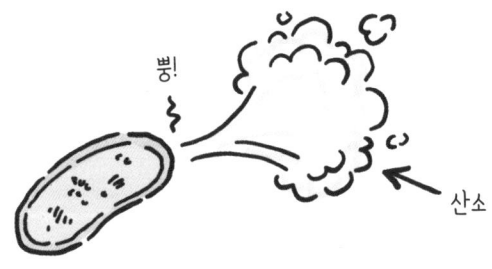

대기 중에 우리가 숨 쉴 만큼 충분한 산소가 생긴 것은
바로 이 남세균이 수억 년 동안 열심히 방귀를 뀐 덕분이야.

숨을 깊이 들이쉴 때 공기가 달콤하게 느껴진다면,
이게 다 세균의 방귀 때문이라는 걸 알아 두라고.

방귀 이야기가 나왔으니 하는 말인데, **우리**가 뀌는 방귀도 세균과
관련이 있다는 사실을 알고 있니? 우리 창자에는 온갖 세균이
득시글대고 있어. 뱃속에는 수조 마리가 넘는 세균이 살고 있지.

이 세균들은 우리가 먹은 음식물 중 일부를 먹음으로써 음식물을 소화시킬 수 있도록 도와줘. 너무 질겨서 분해하기 힘든 물질을 세균이 분해해 먹은 뒤 똥을 누면, 우리 몸은 그 똥을 흡수해 영양분으로 쓰지. 생각만 해도 역겹다고? 하지만 사실이야!

창자에 사는 세균들은 방귀를 뀌지.

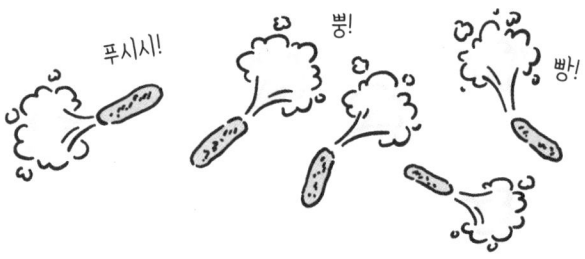

그리고 세균이 뀐 방귀는 우리 방귀와 합쳐져서 나오는 거야.

수십억 년 전에 미생물이 존재했다는 사실을 고생물학자들은 대체 어떻게 아느냐고 버사 박사님에게 물어보았어. 버사 박사님은 그때 살았던 세균의 화석이 실제로 남아 있다고 하셨어.
'스트로마톨라이트'라는 특별한 화석인데,
큰 바윗덩어리처럼 생겼어.

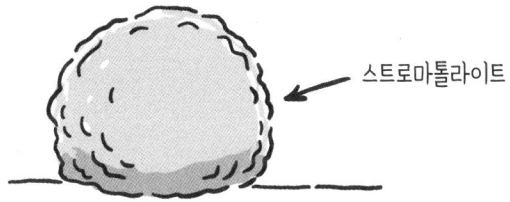

이 암석은 오물 찌꺼기가 조금씩 조금씩 쌓여서 만들어진 거야.
맨 먼저, 작은 암석에 오물 찌꺼기가 들러붙어 살아가.

그리고 나서 오물 찌꺼기가 만든 점액에 흙과 작은 암석이 들러붙게 돼.

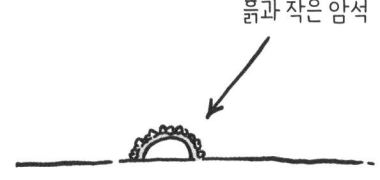

이후 그 위에 더 많은 오물 찌꺼기가 들러붙고,
새로운 점액에 더 많은 흙과 암석이 들러붙어 자라지.

오물 찌꺼기 덩어리는 계속 그렇게 자라다가 마침내 커다란
바윗덩어리가 돼!
버사 박사님은 지금도 바다 근처에서 이런 바윗덩어리가
만들어지는 것을 가끔 볼 수 있다고 하셨어.

가장 오래된 스트로마톨라이트는 35억 년 전에 생긴 것인데,
오스트레일리아의 사막에 묻혀 있었어.

수십억 년 전에 지구 전체가 세균이 만든 오물 찌꺼기로 가득 차 있었고,
아직도 세균이 우리가 먹고 소화하고 방귀를 뀌는 것을 도와주고,
땅속에 묻혀 있던 오물 찌꺼기의 화석이 여전히 발견된다는
이 모든 사실이 나에게는 경이롭게 느껴졌어.

그러다가 갑자기 버사 박사님 댁 연못 문제를 해결할 수 있는
묘안이 떠올랐어.

연못의 오물 찌꺼기를 걷어 내는 대신에, 그냥 모조리 파묻어 버리기로
한 거야.

어쩌면 수십억 년 뒤에 누가 그것을 발견할 수도 있겠지만, 어쨌든 지금 당장은 눈앞에서 사라졌으니 더 이상 우리에게는 아무런 문제가 되지 않지.

제4장
큰 물고기

드디어 그날이 왔어! 아빠가 마침내 큰 것을 낚았거든!

내가 왜 작은 배를 타고 아빠와 함께 낚시를 하게 됐는지 궁금할 거야. 그건 내 계획에 조금 차질이 생겼기 때문이야.

책을 만드는 데 드는 비용을 계산하고, 완성된 책을 얼마에 팔지
결정하는 건 꽤 어려운 문제였어. 아나와 스벤이 날 도와줬지.

내가 배운 정보와 지식을 글로 쓰는 데에는 비용이 들지 않지만,
책을 인쇄하려면 돈이 든다는 걸 이전에는 생각해 본 적이 없었어.
첫 번째 책은 그냥 집에서 몇 부를 프린트해 만들었고,
두 번째 책은 이모가 회사에서 인쇄해 주었지.
그런데 이모는 지금 해저에서 1년 동안 살고 있어.

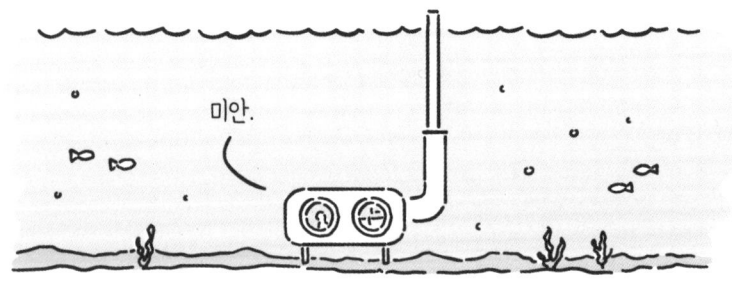

책을 인쇄할 돈을 어디서 구하지?

내가 지금 이러고 있는 이유가 바로 돈을 **벌기** 위해서인데 말이야!

지금 내 상황은 닭이 먼저냐, 달걀이 먼저냐 하는 문제와 비슷해.

이 질문, 들어 본 적 있지?

닭과 달걀 중 어느 쪽이 먼저 나타났을까?

닭은 달걀에서 나오니 달걀이 먼저 같다고? 하지만······.

그 달걀을 누가 낳았을까?

지금 내가 처한 문제를 정말 잘 보여 주는 예시라고 할 수 있지.
다행히도 나는 해결책을 생각해 냈어.

맞아. 내가 떠올린 아이디어는 바로 낚시였어.
나는 낚시를 별로 좋아하지 않지만, 아빠와 좋은 시간을 보내는 방법으로는 꽤 괜찮을 것 같았지.

그래, 진실을 말하자면 그건 진짜 이유가 아니었어.
아빠에게서 돈을 뜯어내는 게 진짜 이유였지. 같이 낚시를 떠나서
아빠 기분이 좋아질 때를 기다렸다가 책을 인쇄할 돈을
달라고 할 속셈이었어.

아빠는 낚시를 매우 좋아해.
적어도 아빠는 그렇다고 생각하는 것 같아.
하지만 실제로 물고기를 잡은 적은 한 번도 없어.

아빠가 낚시 갈 준비를 마치자, 엄마가 놀리기 시작했어.

이렇게 해서 나는 아빠와 함께 배를 타고 낚시를 하게 된 거야.

낚시해 본 적 있어? 물론 물고기를 잡으면 신나겠지만, 그 끝없는 기다림은 정말이지……. 낚시는 결코 재미있는 취미가 아니야.

인내심이 많아서 하루 종일 기다릴 수 있는 아이도 있겠지만, 인내심이 바닥인 아이도 많아. 바로 나 같은 아이 말이야!

솔직히 말하자면, 난 우리가 물고기를 한 마리도 잡지 못하리라고 확신했어. 그것은 버사 박사님이 말해 주신 비밀 때문인데, 그 비밀은 바로······.

자연 선택은 생물이 시간이 지나면서 어떻게 변화하는지, 즉 어떻게 진화하는지 알려 주는 단어야.

뻐끔이와 빠끔이라는 물고기가 있다고 하자.

미안! 난 이름 짓는 데에는 영 소질이 없어.
어쨌든 뻐끔이와 빠끔이가 자식을 많이 낳았다고 하자.

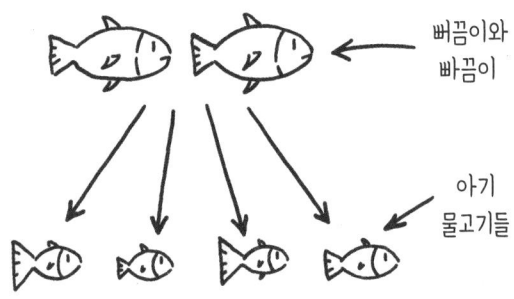

아기 물고기들은 뻐끔이와 빠끔이를 많이 닮았지만,
완전히 똑같지는 않아. 아기는 부모와 조금 다르기 마련이니까.
너와 네 형제들도 부모님과 많이 닮았지만,
자세히 보면 아주 다른 점도 눈에 띌 거야.
이건 **돌연변이** 때문이야.

뻐끔이와 빠끔이 사이에서 태어난 물고기 중에는 꼬리가 부모보다 작은 물고기도 있고 큰 물고기도 있을 거야.

꼬리가 큰 물고기는 꼬리가 작은 다른 물고기보다 더 빨리 헤엄칠 수 있었지.

자, 이제 아주 큰 물고기가 나타나 물고기들을 잡아먹으려 쫓아다닌다고 생각해 보자.

꼬리가 작아 느리게 헤엄치는 물고기들은 결국
큰 물고기의 밥이 될 테고, 꼬리가 커서 빨리 헤엄치는 물고기들은
무사히 달아날 거야.

이렇게 살아남은 물고기가 자라서 자식을 낳으면, 그 자식 물고기는
모두 꼬리가 클 거야. 물론 그중에도 꼬리가 아주 큰 것도 있고,
그다지 크지 않은 것도 있겠지.

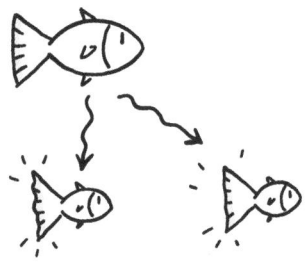

그리고 이 물고기가 큰 물고기에게 쫓길 때, 이번에도 꼬리가 더 큰
물고기가 살아남을 확률이 높아.

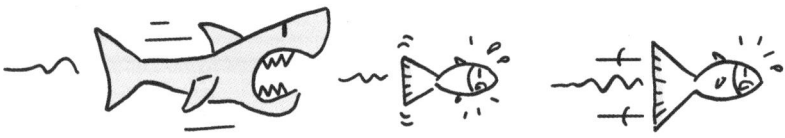

이런 일이 여러 세대를 이어 계속된다면, 뻐끔이와 빠끔이의 후손의 후손의 후손의 후손들은 뻐끔이와 빠끔이와는 상당히 다른 모습으로 변할 거야.

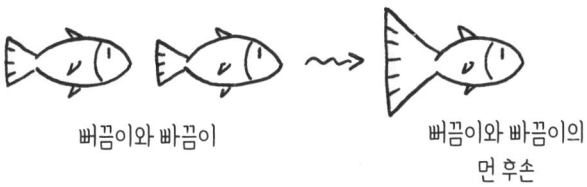

뻐끔이와 빠끔이   뻐끔이와 빠끔이의 먼 후손

이렇게 아주 오랜 시간이 지나면 자연 선택을 통해 동물의 종류가 바뀔 수 있어.
아주 먼 옛날에 고양이와 개를 닮은 미아시드라는 동물이 있었다는 이야기, 기억하고 있니?

미아시드

미아시드도 당연히 자식을 낳았어.
그중에는 고양이를 더 많이 닮은 것도 있었고,
개를 더 많이 닮은 것도 있었어.

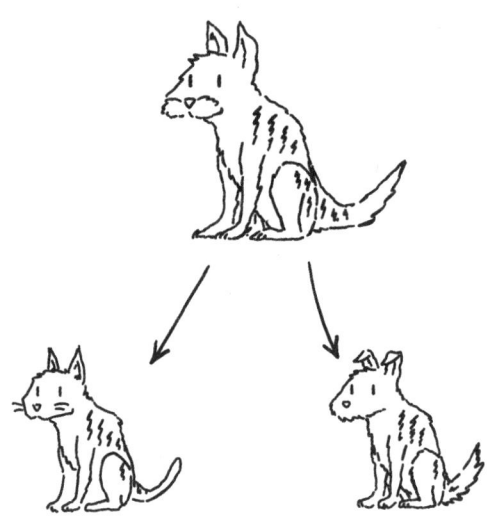

결국 고양이를 더 닮은 자식은 자라서 다시 고양이를 더욱더 닮은 자식을 낳고, 개를 더 닮은 자식은 자라서 다시 개를 더욱더 닮은 자식을 낳게 되었지.
이렇게 해서 미아시드는 개와 고양이로 갈라져 진화한 거야.

어쨌든 다시 배로 돌아가서, 나는 우리가 물고기를 단 한 마리도 못 잡으리란 걸 알고 있었어.

이곳은 낚시 장소로 인기 있는 호수여서, 물고기를 잡으려는 사람들로 항상 북적거려.

나는 상상해 보았어. 처음에는 이곳에 물고기가 아주 많이 살았고, 그중 몇몇 물고기가 미끼를 물었을 거야.

그런 물고기는 재수 없게 일찍 삶을 마감했겠지.

반면에 미끼에 혹하지 않은 물고기들은 살아남았고.
지금 이 호수에서 헤엄치며 돌아다니는 물고기는
죄다 그런 물고기와 그 후손일 거야.

나는 차마 이 진실을 아빠에게 말할 용기가 없었어. 아빠는 물고기를 잡을 희망에 무척 들떠 있었거든.

물고기 이야기가 나왔으니 말인데, 물고기가 처음에 어떻게 생겨났는지 알아?

지구가 약 30억 년 동안 오물 찌꺼기로 가득 차 있었고 그동안 살아 있는 거라고는 미생물밖에 없었다는 이야기, 기억하지?

그런데 약 8억 년 전에 일부 미생물이 서로 들러붙으면서 집단을 이루기 시작했어.

지구의 생명이 복잡해지기 시작한 것은 바로 이때부터였어.
버사 박사님은 당시에 **다세포 생물**이라는 단세포 생물들이 모인 집단이 생겨났다고 말씀하셨어.
세포는 생물체를 이루는 가장 작은 단위인데, 모든 생물은 세포로 이루어져 있어. 하나의 세포만으로 이루어진 생물을 단세포 생물, 여러 개의 세포로 이루어진 생물을 다세포 생물이라고 하지.
다세포 생물은 팀을 이루어 협력하는 능력이 뛰어났어.
그중 일부는 점점 커지다가 마침내 식물로 진화했어.

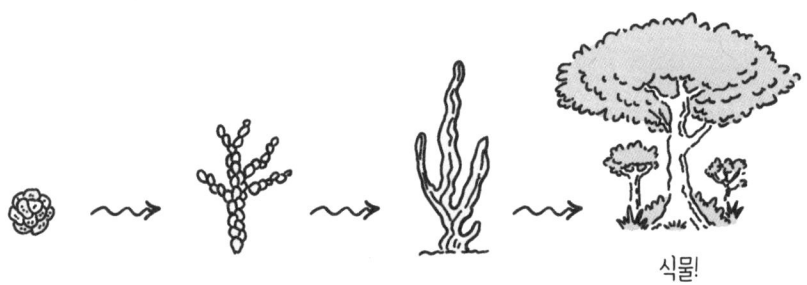

식물!

또 다른 다세포 생물 집단은 균류로 진화했지. 곰팡이와 버섯, 효모가 균류에 속해.

그리고 나머지 다세포 생물 집단은 동물이 되었지.

여기까지 듣고 나는 소스라치게 놀랐어!

버사 박사님은 창밖으로 보이는 큰 나무와 떨기나무, 풀 같은 식물뿐만 아니라 개, 고양이, 곰, 말, 새, 곤충, 원숭이, 고래, 물고기, 거북, 도마뱀, 나비, 그리고 우리가 들어 본 적 있는 동물과 들어 본 적조차 없는 동물을 포함해 현재 지구에 살아 있는 생물은 모두 미생물에서 유래했다고 말씀하셨지.

최초의 동물이 동그란 모양이었고, 오늘날의 해파리, 해면, 산호와 비슷하게 생겼다는 것은 화석을 통해 알 수 있어.

최초의 척추동물 조상은 약 5억 6000만 년 전에 나타났지.
그러다가 약 5억 2000만 년 전에 그중 일부가 물고기 비슷한
동물로 변했어. 과학자들은 최초로 나타난 어류 중 하나가 해구어,
즉 '하이코우이크티스'라고 생각해.

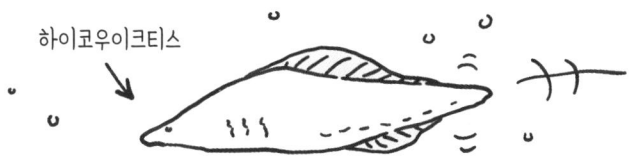

하이코우이크티스는 크기가 엄지손가락만 했고 눈이 있었어.
등이나 배에 지느러미도 있었지. 하지만 입은 거의 없는 것이나
다름없었고, 뼈도 전혀 없었어. 하이코우이크티스는 시간이 지나면서
점점 더 물고기와 비슷한 모습으로 변해 갔지.

나는 지금이 아빠에게 돈 이야기를 꺼낼 절호의 기회라고 판단했어.
아빠가 물고기를 한 마리도 잡지 못해 우울해지기 전에 말이야.

먼저 재미있는 이야기로 분위기를 띄웠어.

버사 박사님에게 같은 질문을 한 적이 있는데,
대다수 과학자는 달걀이 먼저라고 이야기할 거라고 대답하셨어.

버사 박사님은 닭과 아주 비슷한 새가 살고 있었을 거라고 하셨어.

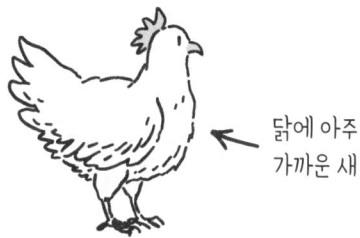

닭에 아주
가까운 새

그러다가 그 새가 알을 낳았어. 그리고 그 알 속에 최초의 닭이 있었지. 최초의 닭은 닭에 아주 가까운 새가 낳은 돌연변이 병아리였어.

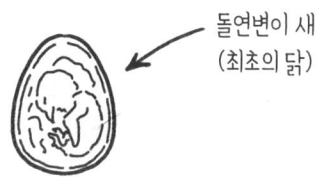

돌연변이 새
(최초의 닭)

그 병아리는 알 속에서 시작되었으니, 달걀이 먼저인 게 맞을지도 모르지.

듣고 보니,
그럴듯하네요.

완전!

이 이야기를 듣고서, 아빠는 꽤 감명받은 것 같았어.
나는 기회를 놓치지 말아야겠다고 생각했어.

왜 돈이 필요한지 설명하자, 아빠도 좋은 생각이라고 하셨지!

젠장! 아빠는 내 부탁을 거절할 참이었어.
그런데 그 순간, 갑자기 아빠가 잡고 있던 낚싯대가
마구 흔들리기 시작했어.

낚싯대에 뭔가 걸린 거야!

믿을 수가 없었어. 한 마리도 못 낚을 줄 알았거든.
게다가 아주 큰 물고기가 걸린 것 같았어!

아빠가 마침내 물고기를 잡는 순간이었어!

적어도 우린 그렇게 생각했어.
그때 가까이에서 모터 소리가 들려왔어.

우리 옆으로 지나가던 배가 다시 멀어져 갈 때,
우리는 낚싯줄을 내려다보았지.

본 그대로야. 아빠가 낚은 것은 물고기가 아니었지······.
낚싯줄에 걸린 것은 옆에 있던 배였어!

그리고 그 배는 멀어져 가면서 낚싯대도 함께 끌고 갔어.

아빠도 함께 말이야!

나는 아빠를 도와주려고 애썼어.

아빠는 새로 산 장비를 포기하고 싶지 않았나 봐. 낚싯대를 붙잡고 호수를 반쯤 가로지르며 끌려갔거든. 배를 몰던 사람이 아빠를 발견할 때까지 말이야.

나는 노를 저어 아빠에게 다가갔어.
가까이 가자, 아빠가 이렇게 말했어.

이렇게 해서 나는 원하던 돈을 얻게 됐어.

게다가 부자간 사이도 돈독해졌지. 비록 물고기 덕분은 아니었지만.

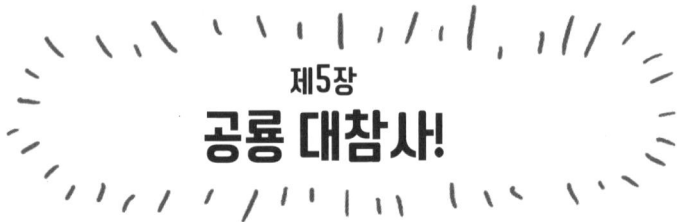

제5장
공룡 대참사!

만세! 부자가 되는 건 이제 시간 문제야!

지금 나는 책을 만드는 데 엄청난 아이디어를 쏟아붓고 있어.
사실, 지구 역사상 가장 대단한 아이디어일지도 몰라.

어떻게 이런 아이디어를 생각해 냈냐고? 잘 들어 봐.
아빠한테서 책을 인쇄할 돈을 받은 뒤, 나는 어떻게 하면 아이들이 책을 사게 만들 수 있을까 궁리하기 시작했어.
이것보다 더 중요한 고민이 어디 있겠어?

그래, 아직은 책을 다 쓰지 않았어. 하지만 바로 그때 내게 반짝이는 아이디어가 떠올랐지! 바로 공룡 만화를 그려서, 내 책을 미리 광고하는 거였어.

아이들은 만화도 좋아하고, 공룡도 좋아하잖아?
그러니 **공룡 만화**라면 얼마나 좋아하겠어?

그리고 아이들이 그 만화를 보는 순간, 두둥!
내 책 광고도 함께 보게 되는 거야!

정말 기발하지 않아?
게다가 그 만화를 내 책에 쓸 수도 있어.
그야말로 꿩 먹고 알 먹고 도랑 치고 가재 잡고, 일석이조 아니겠어?
사실 나는 시간을 활용하는 데 워낙 천재적이야.
우리 부모님이 증인이지.

심지어 아나도 대단한 아이디어라고 인정했다니까!

다만 공룡 책이 이미 산더미처럼 많이 나와 있다는 게 문제라면
문제였지! 지금까지 나온 공룡 책을 모두 모아 쌓으면,
그 뒤에 **티라노사우루스**가 숨어 있어도 보이지 않을걸!

아이들이 만화를 읽으면서 내 책 광고를 보게 하려면,
만화를 좀 색다르게 만들 필요가 있어.
그래서 **특별한** 계획을 세웠지!

공룡을 특별한 존재로 만드는 아주 '특별한' 계획이야.

집에 오자마자 나는 곧바로 작업에 돌입했어.
그날 밤, 친구 에비에게 전화를 했어. 내 친구 에비, 기억하지?
그림을 잘 그리고, 인도로 간 친구 말이야.
에비에게 공룡 만화를 그려 달라고 부탁했어.

에비도 공룡 농담을 즐기는 것 같아.

이렇게 우리는 함께 만화를 그리기 시작했고,
이게 우리의 첫 작품이야.

약 2억 5000만 년 전
트라이아스기 전기

이때는 새가 전혀 존재하지 않았다.

지구는 매우 더웠다.

거대한 곤충들이 살았다.

75cm

길이 3m

어때? 정말 멋지지? 공룡의 진짜 정체는 바로 돌연변이 파충류야.
파충류는 뱀, 도마뱀, 거북 같은 동물을 말해.
놀라운 사실은 파충류는 돌연변이 양서류라는 거야.
양서류는 개구리와 도롱뇽처럼 물과 뭍에서 살아가는 동물을 말해.
그리고 양서류는 돌연변이 어류야!

돌연변이 → 돌연변이 → 돌연변이 →
어류   양서류   파충류   공룡

약 5억 2000만 년 전에 최초의 어류가 생겨났다고 한 이야기,
기억나지?
그 후로 어류는 지구 전체를, 정확히는 지구의 물이 있는 곳을 지배했어.
과학자들은 4억 2000만 년 전부터 3억 6000만 년 전까지를
어류 시대라고 부르지.

어류의 종류는 아주 많았어. 그러다가 그중 일부는 해변이나 연못처럼 얕은 물에서 살기 시작했는데, 그들은 노처럼 생긴 특별한 지느러미를 갖고 있었어.

이 어류는 결국 양서류로 진화했지. 그러면서 노처럼 생긴 지느러미가 다리로 변했어!

양서류는 땅 위를 걸어 다닐 수 있었지만, 늘 물 가까이에서 살았어.
양서류에게 중요한 호흡 기관 중 하나인 피부를 늘 촉촉하게 유지하고,
말랑말랑한 알을 물속에 낳아야 했기 때문이지.

양서류의 알

일부 돌연변이 양서류는 파충류가 되었어.
파충류의 피부는 비늘로 뒤덮였고, 껍데기가 단단한 알을 낳았지.

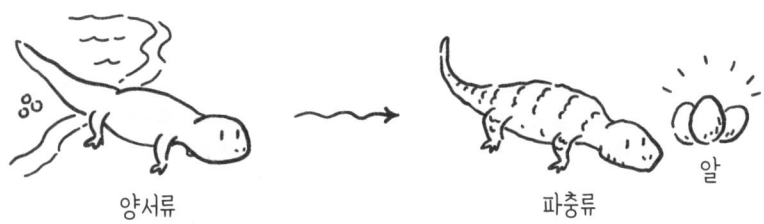

양서류   파충류   알

이 두 가지 특성 때문에 파충류는 물을 떠나 숲과 사막과 산에서 살 수 있었어. 그곳에는 맛있는 먹이가 많았는데, 식물과 곤충도 돌연변이를 일으켜 땅 위에서 번식했기 때문이야.

부모님도 늘 말씀하셨지. 풀장에서 친구들과 놀고 있는 나를 물 밖으로 끄집어내려면, 내 눈앞에서 맛있는 것을 살살 흔드는 방법밖에 없다고 말이야.

버사 박사님은 눈 뒤쪽 머리뼈에 뚫린 구멍의 개수에 따라
파충류를 크게 세 종류로 나눌 수 있다고 하셨어.

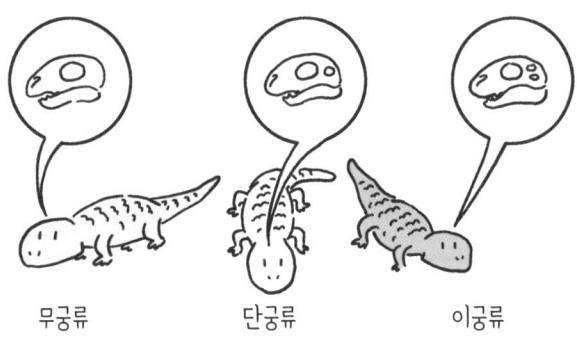

구멍이 하나도 없는 무궁류에는 거북이 속해 있어. 구멍이 하나인
단궁류는 아주 중요한 집단이야. 단궁류 이야기는 나중에 더 자세히
할게. 구멍이 두 개인 이궁류는 결국 도마뱀과 뱀, 공룡이 되었어!

결국 공룡은 돌연변이 어류, 양서류, 파충류에서 진화한 거야.
에비와 나는 만화를 계속 그렸어.

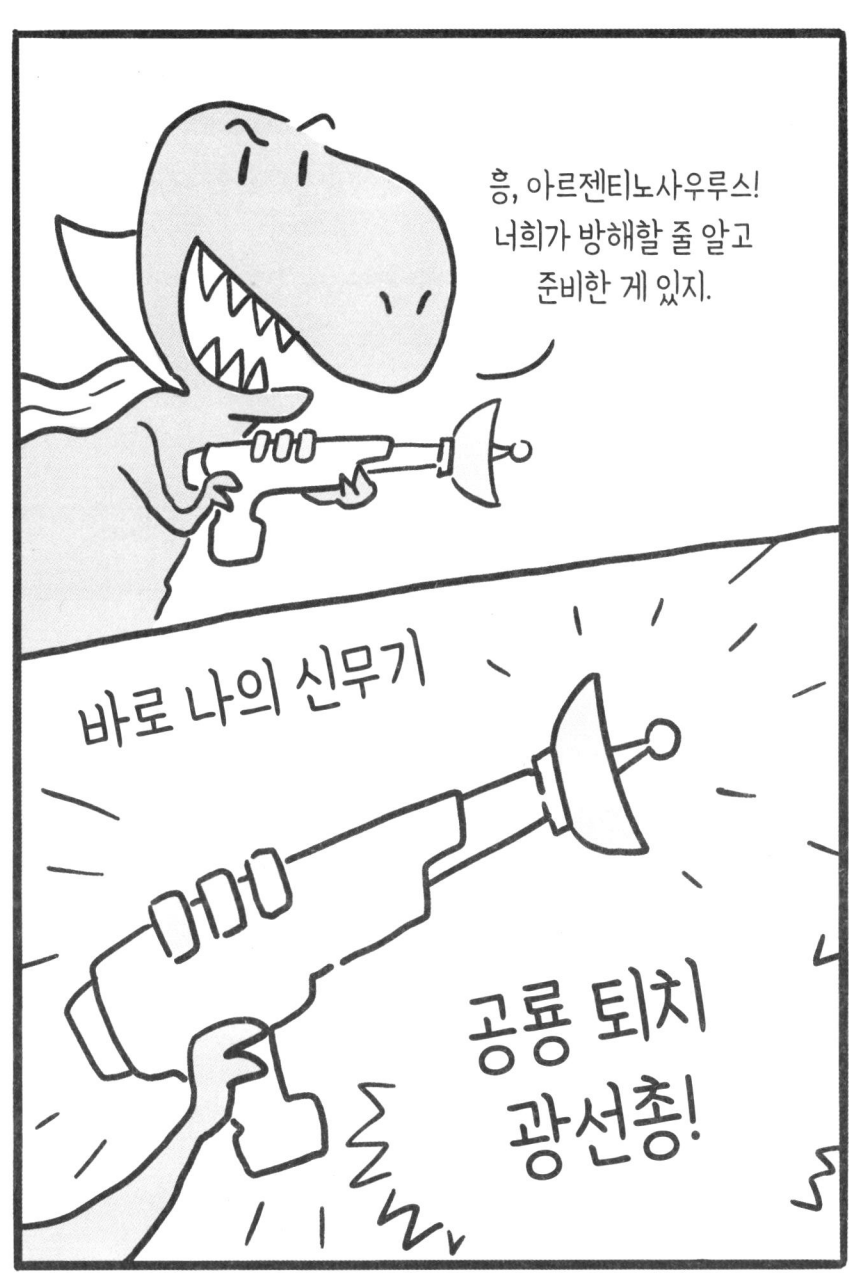

그래, 프테라노돈은 공룡이 **아니야!**

오래전에 살았던 크고 멋진 파충류라고 해서 다 공룡은 아니야.
이궁류 중 일부는 하늘을 나는 파충류가 되었는데,
이들을 익룡이라고 불러. 프테라노돈도 익룡의 한 종류야.
그리고 일부는 어룡이나 수장룡 같은 대형 파충류가 되었지.
이들은 물속에서 헤엄치고 다녔어.

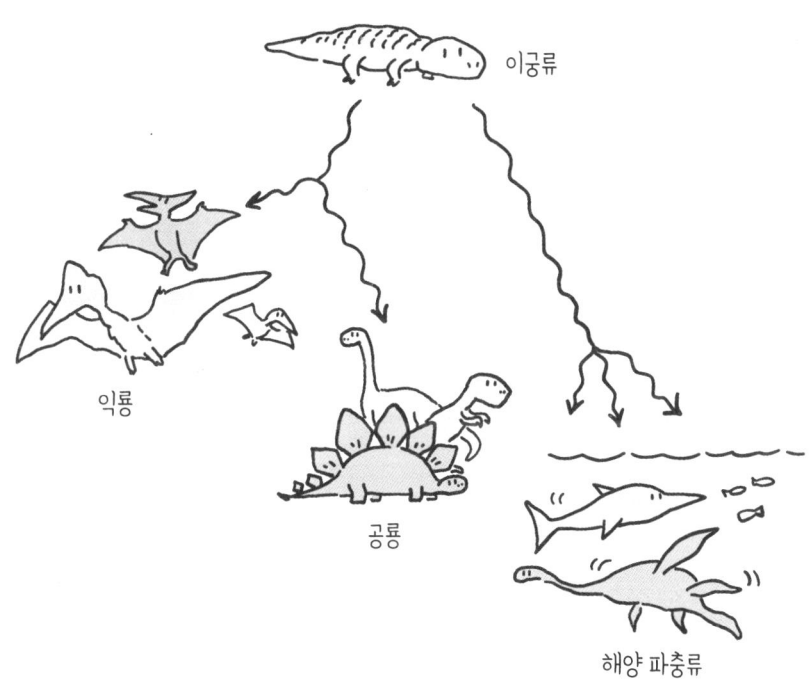

공룡이 다른 파충류와 구별되는 특징은 무엇일까?
그것은 바로 다리야! 공룡이 나머지 파충류와 다른 점은
다리가 몸 **아래쪽**에 붙어 있다는 거야!

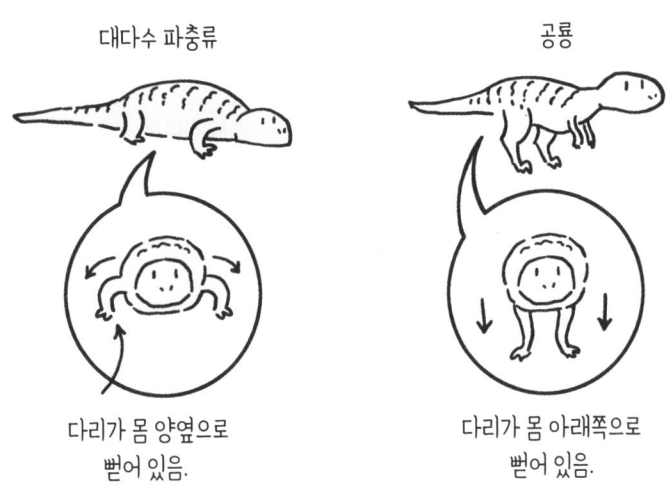

일부 물고기의 노처럼 생긴 지느러미가 다리로 진화했다는 이야기,
기억하고 있니? 처음에는 다리가 몸 양옆으로 자라나다가,
공룡의 경우에는 마침내 몸 아래쪽으로 이동했지.

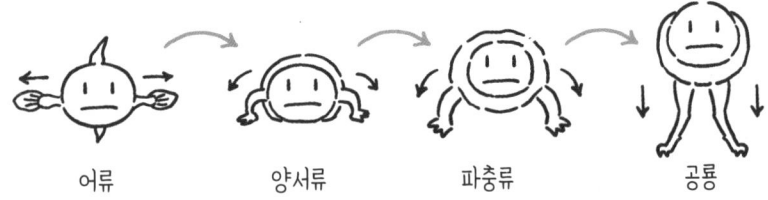

몸 아래쪽으로 다리가 뻗어 있으면, 먼 거리를 달리거나
걷기가 훨씬 쉬워.
팔과 다리를 양옆으로 뻗은 채 돌아다닌다고 상상해 봐.
얼마나 불편하겠어, 그치?

그 당시에 공룡이 엄청나게 번성한 이유가 바로 이거야.
특별한 다리 덕분에 다른 동물들보다 사냥을 하거나 달리는 데
훨씬 유리했거든. 공룡은 크게 번성하면서 사실상 지구의 육지를
지배했어.

그래, 이제 내 계획을 실행에 옮길 때가 되었어.
만화의 마지막 부분을 완성하기 전에, 나는 내 책을 홍보하는
광고를 집어넣었어.

기대하시라!

올리버의
또 다른 책!
이제~~곧

만날 수
있습니다!

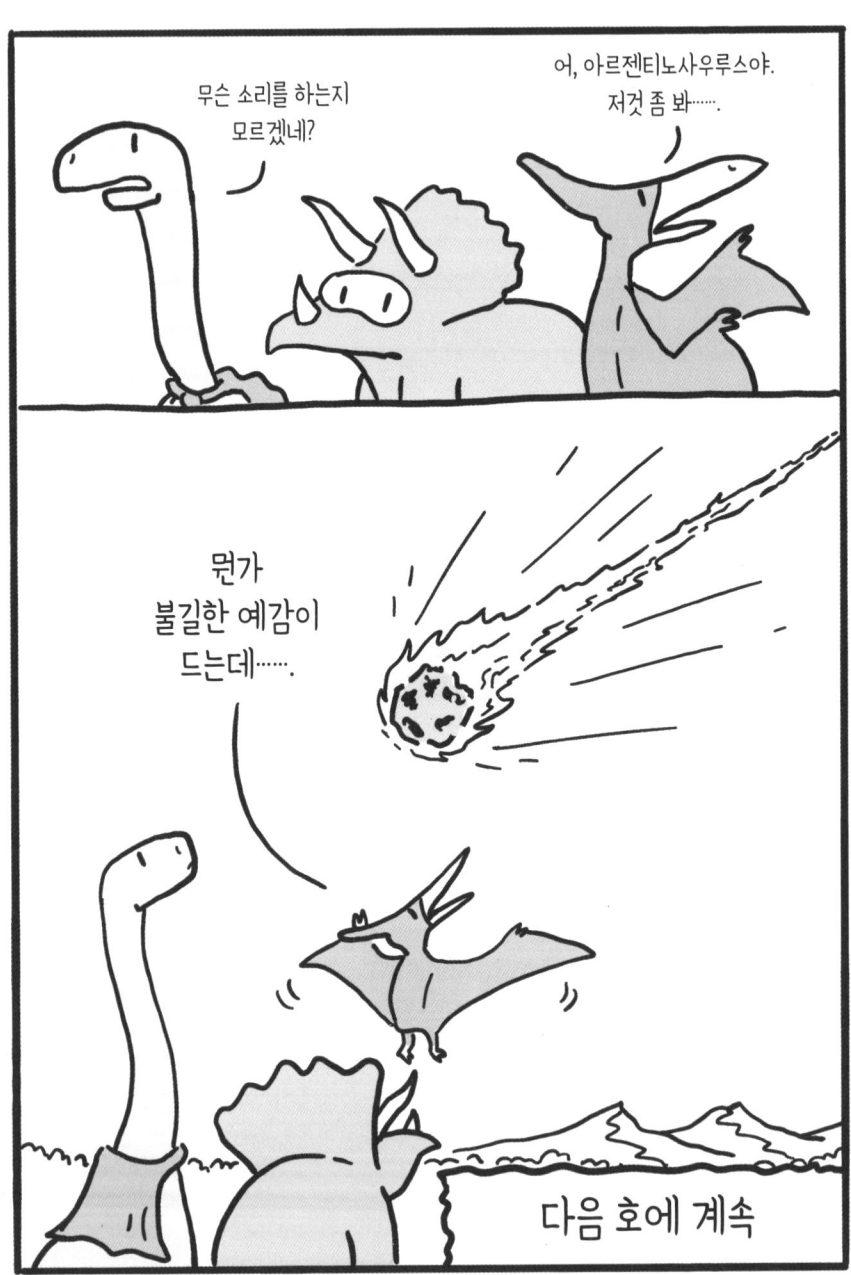

어때, 아주 훌륭하지? 아슬아슬한 장면에서 긴장을 잔뜩 고조시키며
만화를 끝내는 건 에비의 아이디어였어. 광고는 어땠어?
혹시 모르고 있을까 봐 귀띔해 주자면, 광고는 내가 직접 꾸민 거야.
나는 에비만큼 손재주가 뛰어나진 않지만, 물건을 파는 데에는
완전 선수지!

이제 만화를 복사하는 일만 남았어. 그래야 학교에서 아이들에게
나눠 줄 수 있으니까. 다행히도 발렌시아 과학 선생님이
교실에 있는 스캐너와 프린터를 사용하도록 허락해 주셨지.

선생님은 내용을 확인해야겠다면서 만화를 읽으셨어.
그러고는 광고를 실어도 괜찮지만, 내용 중에 틀린 게 있다고 하셨지.

선생님은 공룡과 대형 파충류들이 모두 같은 시기에 산 건
아니라고 하셨어. 다른 것보다 먼저 등장한 것도 있고,
먼저 멸종해 버린 것도 있었지.
선생님은 내 만화에 등장하는 공룡은 거의 같은 시기에 살았지만,
아르젠티노사우루스는 다른 공룡들보다 수백만 년 먼저
멸종했다고 말씀하셨어.

발렌시아 선생님은 아르젠티노사우루스를 드레드노투스라는 공룡으로 바꾸면 된다고 말씀하셨어. 드레드노투스는 아르젠티노사우루스와 크기가 비슷하고, 만화 속 공룡들과 같은 시대에 살던 공룡이야.

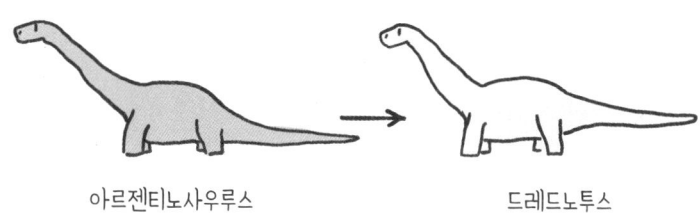

아르젠티노사우루스   드레드노투스

그리고 선생님은 만화를 수정하는 방법을 가르쳐 주셨어.

잘못된 부분을 고칠 수 있는 화이트 수정액을 주셨거든.
덕분에 나는 아르젠티노사우루스라고 적힌 부분을 모두 지우고,
그 위에 드레드노투스라고 썼지.

앞서 말했듯이, 나는 손재주가 없어서 수정액을 여기저기 묻히는 바람에 그림이 조금 엉망이 되었어.

점심시간에 친구들에게 만화를 보여 줄 계획이었기 때문에, 작업을 서둘러야 했어. 아주 급히 복사본을 만들었지.

그렇게 만든 복사본을 들고 나는 아나와 스벤에게 달려갔어.

아나와 스벤은 지나가는 아이들에게 만화를 나눠 주는 나를 도와줬지.

처음에는 일이 술술 풀리는 것 같았어. 다들 내 공룡 만화를 정말로 좋아했거든!

학교에서 캔디를 파는 베이는 만화가 정말로 훌륭하다고 했어. 사실 베이는 공룡 **광팬**이야. 그래서 내가 공룡들을 잘 골랐다는 점을 특히 더 칭찬했어.

그런데 그때, 뭔가 잘못된 것 같았어.

갑자기 모두가 역겹다고 난리였어.

난 영문을 몰랐지. 도대체 왜 모두 내 만화를 보고 역겹다는 걸까?

아나가 그 이유를 찾아냈어.

화이트 수정액이 광고 페이지에 마구 묻는 바람에
문장이 엉뚱하게 변했지 뭐야!

기대하시라!

올리버의
또
o ~곧

만날 수
있습니다!

수정액 때문에 몇 글자가 지워지고 합쳐지며
'올리버의 또 다른 책! 이제 곧 만날 수 있습니다!'는
'올리버의 똥 곧 만날 수 있습니다!'로 변하고 만 거야.
내 책 광고는 돌연변이가 일어나 똥 광고가 되고 말았어!

이 사건 이후로는 아무도 내 공룡 만화를 읽으려고 하지 않았지.
부자가 되겠다는 내 꿈은 이렇게 물거품이 되고 말았어.

제6장
대멸종

오, 이런! 버사 박사님에게 문제가 생겼어.

아르바이트를 하러 버사 박사님 댁에 들렀을 때 알게 되었지.
문을 두드렸지만, 아무 인기척이 없었거든.

이 시간에 나를 오라고 하신 것부터 이상하긴 했어.

나는 버사 박사님이 뒤뜰에 계신지 가 보기로 했어.
물론 그 전에 참치 샌드위치가 들어 있는지
가방을 여러 번 확인하는 것도 잊지 않았어.

하지만 버사 박사님은 뒤뜰에도 없었어.

그때, 이웃에 사는 마보군제 아주머니가 버사 박사님이 어디에 계신지 알려 주셨어.

버사 박사님이 입원하셨다니! 나는 집으로 달려가 부모님에게 그 소식을 알렸어. 그리고 아빠와 함께 병문안을 가기로 했지.

병원으로 가는 차에서 나는 그동안 버사 박사님이 내게 이것저것 설명해 주느라 얼마나 애쓰셨는지 생각했어.

어느새 우리는 병원에 도착했어.

병실에 들어갔을 때, 버사 박사님은 침대에 기대어 앉아 있었어.

버사 박사님을 만나자 무척 반가웠지.

버사 박사님은 가슴에 통증을 느껴 병원에 왔다고 하셨어.
의사들이 곧 **괜찮아질** 거라고 말했대.

나는 내 책 광고가 돌연변이를 일으켜 똥 광고가 된
참사에 대해 이야기했어.
버사 박사님은 그래도 포기하지 말라고 격려해 주셨어.
그러고는 내게 아주 중요한 일을 맡기셨어.

버사 박사님이 병원에 계시는 동안, 뒤뜰에 있는 닭들을 돌볼 사람이
필요하다고 하셨어.

물론 나는 기꺼이 그러겠다고 했지. 심지어 닭을 이용한 농담까지
하면서 말이야.

버사 박사님은 내 농담을 매우 마음에 들어 하셨어.
집에 돌아갈 시간이 되자, 나는 인사를 하고 나왔지.
돌아오는 차 안에서 버사 박사님이 말씀하신 '멸종'이라는 단어가
계속 머릿속에 맴돌았어. 이제 드디어 이야기를 시작할 때가 되었다고
생각했지. 그 이야기는 바로······.

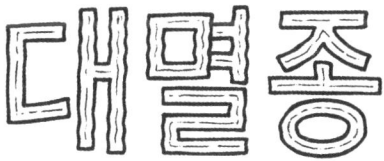

대멸종은 수많은 종류의 동식물이 갑자기 사라지는 걸 말해.
공룡도 대멸종에 휘말려 사라졌지. 수천만 년 전에 공룡이 지구를
지배했다는 이야기, 기억하고 있지?

지구에 살았던 공룡의 종류는 1000종이 넘어!

하지만 지금은 모두 사라지고 말았지. 버사 박사님은 과학자도 정확하게 무슨 일이 일어났는지 잘 모른다고 하셨어.
하지만 많은 과학자가 6600만 년 전에 우주에서 날아온 거대한 소행성이 지구에 충돌한 사건과 공룡의 멸종이 관련 있다고 생각한대.

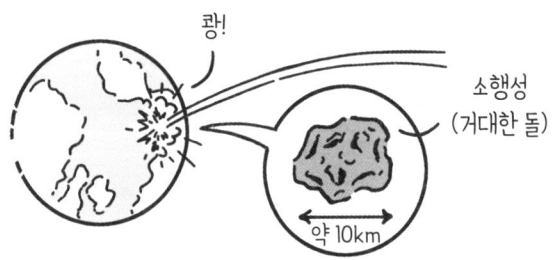

과학자들은 이 소행성을 '칙술루브 충돌체'라고 부르는데, 이 소행성의 지름은 10km가 넘었을 거래. 이 소행성이 멕시코의 유카탄반도에 충돌한 순간 거대한 폭발이 일어났고, 그 결과 강한 지진과 엄청난 해일이 발생했지.

이때 일어난 지진과 해일로 수많은 동물이 죽었어. 무엇보다 치명적이었던 건 폭발로 하늘 높이 치솟은 엄청난 양의 먼지와 재와 물이었어.

이것들이 거대한 먼지 구름을 만들면서 **지구 전체**를 뒤덮었어.

구름은 햇빛을 가렸고, 황 성분이 섞인 재는 빗물을 산성으로 만들었지.
그 결과, 지구는 생물이 살아가기에 매우 힘든 곳으로 변했어.

이로 인해서 많은 식물이 죽자, 초식 공룡은 먹을 것이 부족해졌어.
결국 거의 모든 공룡이 죽어 갔어. 불행한 운명을 맞이한 것은
공룡뿐만이 아니었어. 그 당시에 지구에 존재하던 동식물 중 약 75%가
멸종했어.

그런데 이런 일이 일어난 것은 처음이 아니었어!
버사 박사님 말에 따르면, 생명이 나타난 이래 지구에서
다섯 번이나 대멸종이 일어났대.

최초의 대멸종은 약 4억 4000만 년 전에 일어났어.
그 당시에는 삼엽충이나 조개와 비슷하게 생긴 완족동물 같은 생물이 많이 살았는데, 대다수가 멸종했지.

그리고 약 3억 6500만 년 전에 또다시 대멸종이 닥쳤어. 그 당시에는 다양한 어류가 살고 있었는데, 그들도 대부분 멸종했어.

그러고 나서 지구 역사상 **최악의 대멸종** 사건이 약 2억 5000만 년 전에 일어났어.
이 사건을 '페름기-트라이아스기 대멸종'이라고 불러.

어류, 삼엽충, 곤충, 땅 위에서 걸어 다니기 시작한 양서류를 포함해
지구에 살고 있던 생물 종 중 90% 이상이 멸종했어.

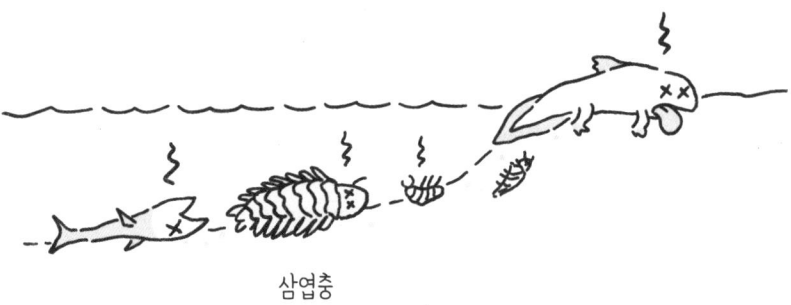

삼엽충

그리고 약 2억 1000만 년 전에 또다시 대멸종이 닥쳐
많은 파충류가 멸종했어.
그리고 약 6600만 년 전에 닥친 대멸종으로 지상에서
공룡이 완전히 사라졌지.
버사 박사님은 약 2억 5000만 년 전에 일어난 페름기-트라이아스기
대멸종은 시베리아에서 많은 화산이 엄청난 양의 용암과 기체를
동시에 뿜어내는 바람에 일어났을 거라고 말씀하셨지.

화산에서 뿜어져 나온 기체는 담요처럼 지구를 둘러싸
지구 온난화 효과를 일으켰고, 그 결과 지구는 아주 뜨거워졌어.

나머지 대멸종 사건들이 어떻게 일어났는지는 과학자들도 확실히 몰라.
기후 변화가 주요 원인이 아닐까 하고 추측할 뿐이지.

그날 오후, 나는 닭을 돌보기 위해 버사 박사님 댁으로 갔어.

맨 먼저 해야 할 일은 닭이 자는 장소를 깨끗이 청소하는 거였어.
아주 역겨운 작업이었지. 층층이 쌓인 낡은 신문지 조각과
닭똥을 계속 파내야 했거든.

그러다가 고생물학자들이 대멸종이 일어났다는 사실을 어떻게
알아냈는지 떠올랐어.
그들은 바로 **화석**을 이용했지.
화석은 먼 옛날에 살던 생물이 죽어서 땅속에 묻힌 후
암석 속에 남은 잔해야.
대개는 뼈 같은 단단한 부분이 남지.

화석 기록은 장난감 상자와 비슷해. 방을 치울 때마다 여기저기 흩어진 장난감을 모아 몽땅 상자에 던져 넣잖아?

이걸 여러 차례 반복하면, 장난감들이 층층이 쌓일 거야.
맨 밑에는 아주 오래된 장난감들이 있고, 맨 위에는 최근에 가지고 논 장난감들이 있겠지.

최근에 가지고 논 장난감

오래된 장난감

오래전에 죽은 생물의 화석도 비슷한 방식으로 쌓여 있어.

더 오래된 화석은 아래 쪽에 있는 오래된 암석 속에
더 최근의 화석은 꼭대기 근처의 더 새로운 암속 속에 들어 있지.
그 덕분에 어떤 생물이 언제 살았는지 알 수 있는 거야.
이렇게 화석이 들어 있는 암석층은 화석의 나이를 알려 주지.

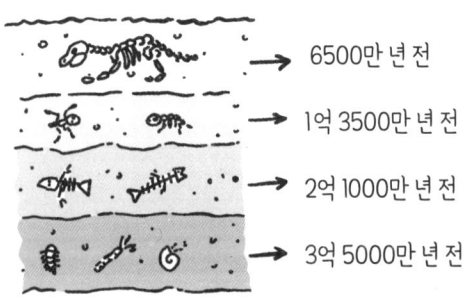

대멸종이 일어난 사실도 화석들을 통해 알 수 있어. 어떤 암석층에 아주 많이 묻혀 있던 생물 화석이 바로 그 위의 암석층에는 아주 적다면, 그중 상당수가 멸종했다는 사실을 알 수 있어.

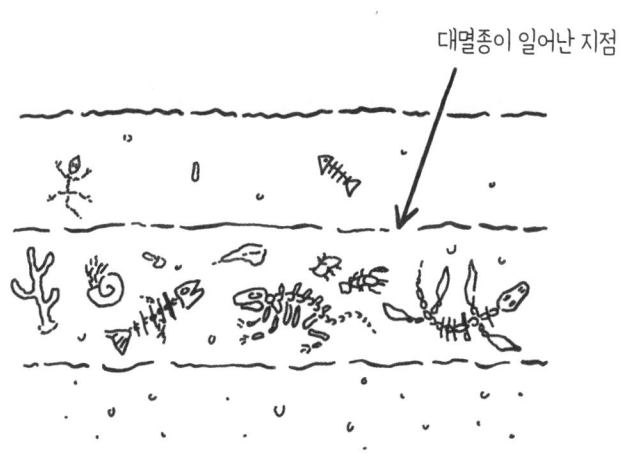

대멸종이 일어난 지점

이것도 장난감 상자와 비슷해. 바닥에는 장난감 기차가 아주 많은데 맨 위에는 없다면, 그 중간의 어느 시점부터 기차를 갖고 노는 것을 멈췄다는 뜻이지.

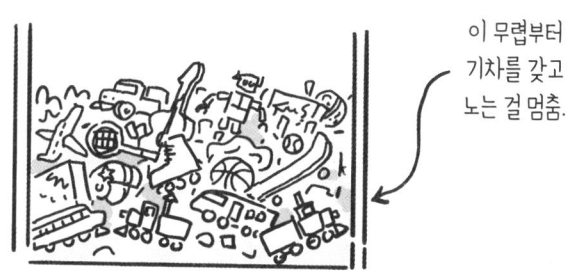

이 무렵부터 기차를 갖고 노는 걸 멈춤.

닭장을 청소하고 나니 한 가지 일이 더 남았는데,
바로 닭이 낳은 달걀을 꺼내는 것이었어.

달걀만 가져가기가 조금 민망해서, 나는 닭에게 대화를 시도했지.

바로 그때, 나는 공룡의 습격을 받았어!

대멸종 때 공룡이 멸종했다고 앞에서 이야기했지?
그런데 그중에서도 살아남은 공룡이 있었어!

바로 티라노사우루스 렉스의 사촌들이었어!
약 1억 6500만 년 전에 코엘루로사우루스류라는 공룡 집단이
있었는데, 이들은 두 발로 걸어 다녔고 각 발에는 발톱이 세 개씩
붙어 있었어.

코엘루로사우루스류

그중 일부는 몸집이 아주 커져서 티라노사우루스 렉스가 되었고,
일부는 몸집이 작아졌어.

작은 코엘루로사우루스류 중에서 일부는 진화를 거듭해 **조류**, 즉 새가 되었지.

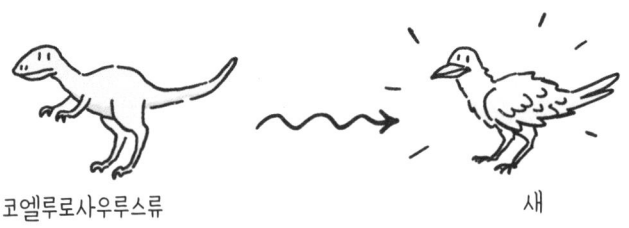

다시 말해서, 새는 공룡이야! 심지어 티라노사우루스 렉스의 혈통을 물려받은 공룡이지! 마지막 대멸종에서 새가 어떻게 살아남았는지 과학자도 잘 모른다고 버사 박사님은 말씀하셨지. 아마도 몸집이 작아서 큰 공룡처럼 많이 먹지 않아도 살아남을 수 있었던 것 같아. 아니면 날아다니면서 큰 공룡과는 다른 먹이를 먹고 살았을지도 몰라.

나를 공격한 공룡은 수탉 징글스였어.

징글스는 달걀을 한 아름 안고 달아나는 내가 못마땅했나 봐.
갑자기 나를 뒤쫓기 시작했어!

고작 닭 한 마리가 무슨 짓을 하겠냐고 생각할지 모르겠는데…….
아주 많은 것을 할 수 있어! 닭은 날카로운 발톱이 있고,
사촌 공룡들만큼 빨리 달릴 수 있어.

불행하게도 나는 달걀을 안고 있어서 빨리 달릴 수가 없었어.
징글스는 내 뒤를 바짝 쫓아와 금방이라도 날 덮칠 것 같았어!

이렇게 공룡의 발톱에 갈기갈기 찢겨 최후를 맞이하는구나 하고 체념하는 순간, 생각지 못한 구원자가 나타났지 뭐야!

버사 박사님 댁 고양이였지.

고양이가 나의 목숨을 구하다니!

이번엔 내게 참치가 **없는** 게 너무 아쉽더라니까.
이번 일을 계기로 나는 닭이 공룡의 후손일지는 몰라도,
고양이 앞에서는 그저 겁쟁이에 불과하다는 걸 알게 됐지.

휴,
죽다 살았네.

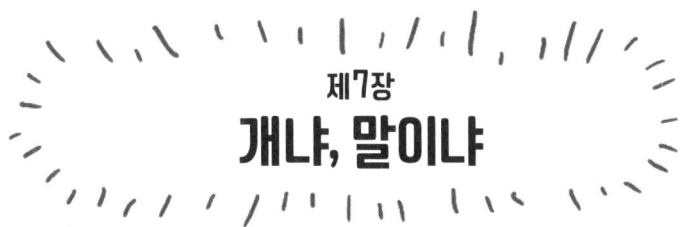

제7장
개냐, 말이냐

안녕! 난, 에비야!

난 아냐!

이 장은 우리가 쓰기로 했어! 올리버가 조금 바쁘거든.

그래, 맞아. 올리버는 학교에 남아 벌을 받는 중이야. 하지만 올리버가 진짜로 잘못한 건 아니었어.

벌 받는 중

앞에서 올리버의 책 광고가 어떻게 똥 광고로 변했는지 봤지? 리 교감 선생님은 올리버가 일부러 장난을 쳤다고 생각하고, 벌을 주기로 결정하셨어.

올리버는 광고가 돌연변이를 일으켜 그렇게 변했다고 설명했지만,
리 선생님은 믿지 않았지.

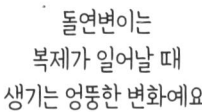

그래서 이 장은 올리버 대신에 우리가 쓰기로 했어!
걱정 마. 적어도 똥은 나오지 않을 테니까.

음, 다시 생각해 보니 조금 나올지도?

뭐라고?

화석에 관한 이야기를 하려면, 똥 이야기를
하지 않을 수가 없어. 고생물학자들이 가끔 오래전에 살았던
동물의 똥 화석을 발견한다는 사실을 알고 있니? 땅속에 묻힌 똥이
화석으로 변한 거지. 똥 화석을 조금 고상한 말로 '분석'이라고 해.

똥 화석은 동물이 무엇을 먹고 살았는지 알아내는 데 큰 도움이 돼. 초식 공룡의 똥 화석은 수천만 년 전에 그 공룡이 어떤 식물을 먹었는지 알려 주지.

한 고생물학자는 티라노사우루스 렉스의 똥에서 뼈를 발견했는데, 그것을 분석해 티라노사우루스 렉스가 먹이를 잘근잘근 씹어 먹지 않았다는 사실을 알아냈어. 그냥 통째로 삼켰던 거야!

알겠어. 똥 이야기는 그만할게. 아나와 함께 한참 이야기한 끝에 드디어 이 장의 주제를 정했어. 우리가 선택한 주제는 바로……

말!
개!

잠깐만! 개에 대해 이야기하기로 한 거 아니었어?

아니. 말을 다뤄야지! 말이 최고니까!

좋아. 우리는 말과 개를 모두 다루기로 결정했어.

아주 흥미진진한 질문이지? 둘 중에 좋아하는 동물이 있다면, 누가 이길지 생각하면서 읽어 봐.

그야 당연히 개가 이기지. 개가 '개'인기 있는 동물이란 건 누구나 알잖아.

'말'장난은 그만하고, 본론으로 들어가. 아나, 너부터 시작해. 봤지? 나도 말 가지고 말장난 잘한다고! 😉

좋아. 개에 대해 말하기 전에 내가 기르는 찰리 이야기를 좀 할게. 찰리의 진짜 이름은······.

엘 페로
에스파냐어로
'개'란 뜻이야.

어때? 근사한 이름이지? 찰리에 대해 알아야 할 게 몇 가지 있어.

1. 바닥에 있는 건 뭐든 다 먹는다.

2. 풀장에 집어넣으면 가라앉는다.

3. 항상 벽으로 돌진한다.

4. 하루 종일 잔다.

그래, 찰리는 세상에서 가장 활기가 넘치거나 가장 똑똑한 동물은 아니야. 찰리를 보면 개의 조상이 늑대라는 사실이 믿기지 않아.

먼 과거로 거슬러 올라가 보자. 5장에서 파충류가
셋으로 나뉜다고 했던 이야기, 기억나니?

무궁류　　　　　단궁류　　　　　이궁류

무궁류에는 거북이 속해 있고, 이궁류에는 도마뱀과 공룡이 속하고,
단궁류는 **포유류**가 되었지.

단궁류　　　　　　　　포유류

포유류는 태어난 뒤에 어미 젖을 먹고 자라는 동물로
사람, 고양이, 개, 코끼리, 원숭이, 고래 등이 있어.
다시 말해서, 너를 포함한 포유류는 파충류와 함께
이들의 조상에서 나온 돌연변이야!

개가 나타나기 전에 미아시드에서 진화한 늑대가 있었어. 버사 박사님 말에 따르면, 약 1만 5000년 전에 사람들 근처를 맴도는 늑대들이 있었대. 처음 길들여진 고양이들처럼 말이야. 사람들은 가끔 늑대들을 위해 음식을 남겨 두었거든.

어떤 늑대는 너무 사납고 사람을 공격해서 사람들 곁에서 살아가기 어려웠어. 하지만 온순한 늑대도 있었지.

온순한 늑대들은 애완동물이 되었고, 사람 곁에서 계속 지내면서 오랜 시간이 지나자 개가 되었어.
개는 사람이 애완동물로 키운, 온순한 늑대야.

찰리 이야기로 다시 돌아가 보자. 찰리는 절대로 사납지 않아. 찰리를 들어 올리는 건 마치 감자 자루를 들어 올리는 것처럼 쉬운 일이지.

찰리가 아주 잘하는 일이 하나 있는데,
바로 집을 지키는 거야. 낯선 사람이 집에 다가올 때마다
찰리는 문을 향해 맹렬히 짖기 시작하지.
심지어 누군가 벨을 누르기도 전에 누가 왔다는 것을
알아챈다니까!

이렇게 오늘날의 개와 늑대는 많이 달라졌어.
지난 1만 5000년 동안 사람들은 마음에 드는 늑대를 선택해
길렀고, 그 결과 늑대는 오늘날 우리가 주변에서 흔히 볼 수 있는
개로 변한 거야.
그 과정은 자연 선택과 비슷한데, 다만 돌연변이 새끼를 선택한
것은 자연이 아니라 사람이라는 게 다른 점이지.

어떤 개는 집을 지키는 능력이 아주 뛰어나다는 이유로
선택받았지.

냄새를 맡는 능력이 뛰어나서 선택받은 개도 있어.
그러면 사냥할 때 큰 도움이 되니까 말이야.

양 떼를 잘 모는 능력 때문에 선택받은 개도 있어.

사람들은 개의 모습을 보고 선택하기도 해.
더 작거나 털이 많거나 귀여운 개를 선택하는 거지.

시간이 지나면서 이런 과정이 거듭되자, 최초의 애완동물 늑대는
다양한 크기와 모습의 개로 변해 갔어.

내가 개를 최고로 꼽는 이유는 바로 이거야!
개는 바로 우리의 선택을 통해 우리 친구가 되었잖아!

게다가 너무 귀엽잖아!

좋아. 이제 내 차례야. 말이 얼마나 멋진지 이야기해 줄게.

나는 말을 사랑해! 지난여름에 난 승마 캠프에 갔지.
그곳에서는 하루 종일 말을 탈 수 있어.
바로 거기서 만난 말이…….

레이디 윈드는 여태까지 내가 본 말 중에서 가장 아름답고
우아한 말이었지.

캠프에 온 모든 아이가 레이디 윈드를 타고 싶어 했어.

하지만 내게 배정된 말은 점박이였어.

점박이는……. 그다지 아름답지 않았어.
온몸에 반점이 있고, 털이 삐죽삐죽 돋아 있었지.

다른 말들도 점박이를 좋아하지 않는 것 같았어. 처음 봤을 때, 사육사가 준 맛있는 먹이를 먹으며 모여 있는 말들과 달리 점박이는 혼자 한쪽에서 풀을 뜯고 있었지.

이 장면을 보다 보니 처음에 말이 어떻게 나타났는지 떠올랐어. 중생대 트라이아스기에 처음 나타난 포유류는 몸집이 작았고, 대부분 숲에서 살았어.

그러다가 약 3000만 년 전에 기후 변화를 통해 새로 생겨난 풀이 널리 퍼졌고, 메소히푸스라는 말의 조상이 이 풀을 먹고 살아가기 시작했지.
메소히푸스는 키가 60cm가량이었고, 특별한 위와 이빨 덕분에 질긴 풀을 소화할 수 있었지.

이 메소히푸스가 계속 진화해 말이 된 거야.

메소히푸스   말

버사 박사님에게 물어보니, 수백만 년이 지나는 동안 말은 점점 더 커지고 강해졌다고 하셨어. 큰 몸집과 강한 힘 덕분에 다른 동물에게 잡아먹히지 않을 수 있었지.

승마 캠프에서 말을 타는 훈련을 시작했을 때, 나는 약간 부끄러웠어.

다른 아이들이 타는 말들이 훨씬 멋져 보였거든!

엎친 데 덮친 격으로, 캠프 선생님이 월말에 열리는 경주에 한 명도 빠짐없이 출전해야 한다고 하시는 거야.

나는 아직 점박이를 타고 한 발짝도 나아가지 못했는데 말이야.

먼 옛날이었다면 점박이는 절대로 살아남지 못했을 거야.
버사 박사님은 약 1만 2000년 전에는 전 세계 모든 곳에
야생마가 살았다고 하셨어.

하지만 지구가 따뜻해지기 시작하면서 말이 맛있게 먹는 풀이
많이 자라는 지역이 점점 사라지기 시작했어.
상황이 점점 안 좋아지면서 말은 멸종 직전까지 내몰렸고,
유럽과 아시아 지역에 소수만 살아남았어.

그때부터 말은 사람과 함께 어울려 살기 시작했어. 사람들은 말이 짐을 끌거나 달리는 데 아주 뛰어나다는 사실을 알아차렸어. 그래서 가축을 몰거나 이동할 때 말을 사용하기 시작했지.

그러자 인간의 생활에 큰 변화가 일어났어! 서로 멀리 떨어져 아무 연락도 없이 살던 사람들은 이제 말을 이용해 교역을 하거나 편지를 아주 빨리 전달할 수 있었지. 사람들이 말을 타기 시작하면서 거대한 제국과 왕국이 생겨났어.
이렇게 말은 인류의 역사를 확 바꾸어 놓은 거야.

이런 상황은 말의 역사도 바꾸어 놓았어! 사람들이 말을 타기 시작하면서 말은 곳곳으로 퍼져 갔고, 또다시 전 세계 곳곳에서 살아가게 되었지.

역사 이야기가 나왔으니 말인데, 내 경주 역사는 대참사로 기록될 뻔했어. 경주가 시작되었을 때, 점박이는 한 발짝도 움직이려 하지 않았거든!

그러다가 갑자기 점박이가 경주가 시작되었다는 것을 알아챈 듯했어.

그리고 쌩하고 출발했지.

점박이는 다른 말들을 손쉽게 추월하더니, 마침내 레이디 윈드와 어깨를 나란히 할 정도로 따라잡았어!

그리고 동시에 결승선을 통과했어!

경주가 끝난 후에는 모두 점박이를 타고 싶어 했지.

역시 말은 굉장한 동물이야. 말은 역사를 바꿀 수 있다니까!

그래, 우리 이야기는 끝났어!
개와 말 중 어떤 동물이 더 멋진 것 같아?

올리버가 벌을 받고 나왔을 때, 우리는 우리가 쓴 이야기를 올리버에게 건넸어.

그러자 올리버는 개와 말에 관한 이야기를 이미 써 놓았다고 말하지 뭐야! 학교에 남아 벌 서고 있을 때 썼대.

너무나도 실망스러운 소식이었지.

우리는 올리버에게 우리가 더 개멋진 장을 썼다고 우겼어.

이건 그저 그런 말장난이 아니라고!

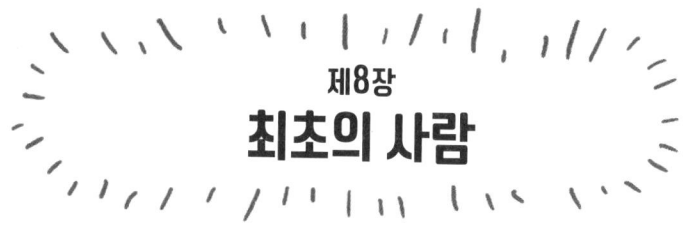

제8장
최초의 사람

살려 줘! 또다시 고양이가 날 공격하고 있어!

그래, 이해해. 고양이 이야기는 이제 지겹겠지. 하지만 이번에는 정말로 고양이가 나를 덮쳤다니까! 기분 좋게 아침을 시작했는데 이런 일을 당하다니, 정말 최악이었어. 오늘 아침에 드디어 내 책이 도착했거든!

정말 멋진 책이었어! 온라인으로 인쇄를 맡겼고, 인쇄업체에서 우편으로 책들을 보내 주었어. 개와 말에 관해 에비와 아나가 쓴 마지막 장도 훌륭했어.

나는 이번 주에 학교에서 책을 팔 계획이었지만, 학교에 가니 충격적인 소식이 기다리고 있었어. 학교에서 캔디를 팔고, 내 공룡 만화를 읽던 내 친구 베이 기억하지? 나는 베이를 만나 내 계획을 이야기했어.

그러자 베이가 충격적인 소식을 전했어. 학교에서 물건을 팔면 안 된다는 교칙이 있다는 거야.

학교에서는 물건을 팔 수 없다니! 그러면 내 책을 팔 수 없잖아! 새 컴퓨터도 살 수 없고, 그렇게 되면······.

그때 베이가 나에게 제안했어.

새것은 아니지만 컴퓨터 성능은 꽤 괜찮대!
이미 누가 산다고 했지만, 오늘 돈을 낸다면 내게 팔겠다고 했어.

그래서 나는 또다시 계획을 세웠지.
마지막 수업이 끝나는 벨이 울리자마자, 집으로 쏜살같이 달려가
책을 가지고 다시 학교로 돌아오는 거야.
그리고 학교 **밖에서** 책을 최대한 많이 파는 거지.
새 컴퓨터 가격의 절반밖에 되지 않기 때문에
그렇게 많이 팔지 않아도 베이의 컴퓨터를 살 수 있을 것 같았어.

아나와 스벤에게 내 계획을 말하자, 둘은 내가 하교 후에
책을 팔 거라고 아이들에게 알리겠다고 했지.

사람들은 정말 대단해. 이런 생각이 들자, 내가 책에서 다루지 않은
한 가지가 떠올랐어. 바로 사람은 어떻게 나타났는가 하는 질문이야.
어류, 파충류, 포유류, 조류에 대해서는 이야기했지만,
우리, 즉 사람이 어디에서 왔는지는 이야기하지 않았지.

정답은 우리가 **생쥐**에서 유래했다는 거야.
그래, 맞아. 네가 아는 그 생쥐!

버사 박사님 말로는 공룡 시대에는 생쥐만 한 크기의
작은 포유류가 거대한 공룡들 사이에서 뛰어다녔대.

소행성 충돌로 지구에서 공룡이 모두 사라진 뒤에도,
이 작은 포유류는 살아남았어.
몸집이 작아 적은 먹이로도 살아갈 수 있었기 때문이지.
비교적 따뜻한 땅굴 속에 숨어 지낼 수도 있었고 말이야.
지구의 환경이 다시 정상으로 돌아오자, 공룡이 사라진 세상에서
포유류는 자유롭게 돌아다닐 수 있었고 점점 몸집이 커졌지.
생쥐만 한 크기의 이 포유류 중 일부는 토끼로, 일부는 생쥐로,
일부는 다람쥐로, 일부는 **영장류**로 진화해 갔어.

영장류는 여우원숭이와 원숭이로, 다시 유인원으로 진화했지.
바로 이 유인원에 고릴라, 오랑우탄, 침팬지
그리고 사람도 포함돼 있어.

결국 사람은 생쥐를 닮은 포유류에서 진화한 거야.
또 포유류는 파충류와 같은 조상에서 갈라졌고, 파충류는 양서류에서
진화했고, 양서류는 어류에서 진화했고, 어류는 미생물에서 진화했어!
우리의 할아버지의 할아버지의 할아버지의 할아버지의 할아버지의
할아버지의 할아버지의 할아버지의 할아버지를 수십억 번 반복해
위로 올라가서 만난 할아버지는 아주 작은 미생물이었어.

지구에 살아 있는 모든 생물은 엄밀하게 따지면 우리의 사촌인 거야.

어쨌든 이제 나의 원대한 계획을 실행에 옮길 때가 왔어.
수업이 끝나는 종이 울리자마자, 나는 쏜살같이 집으로 달려가
책이 든 상자를 들었지.

아이들이 모두 집에 가기 전에 최대한 빨리 학교로 돌아가야 했지.
나중에 알고 보니, 아나와 스벤이 내 책을 좋아하는 아이들을 붙들어
두고 있었어.

학교로 출발했지만, 책이 든 상자가 너무 무거워 도저히 빨리 걸을 수가 없었어.

바로 그때, 사람과 다른 동물들의 차이에 대해 버사 박사님이 하신 말이 떠올랐어. 버사 박사님은 사람의 조상은 약 2500만 년 전에 돌연변이를 통해 나머지 영장류와 갈라졌다고 말씀하셨지.
최초의 사람은 다른 영장류와 뚜렷이 구별되었는데,
왜냐하면…….

1. 똑바로 서서 걸을 수 있었어.
   직립 보행이라고 하지.
   덕분에 머리의 위치가
   높아져 더 멀리 볼 수 있었고,
   손이 자유로워져 물건을
   들 수 있었지.

2. 망치와 도끼 같은 도구를 만들고
   사용할 수 있었어.

3. 큰 뇌를 갖고 있었어! 사람의
   뇌는 다른 영장류의 뇌에 비해 월등히 크지.
   침팬지나 고릴라의 뇌에 비해 세 배나 크다고!

나는 큰 뇌를 사용해 상자를 빨리 운반하는 법을 궁리하기 시작했지.

그 답은 내 앞에 있었어. 여동생의 장난감 수레를 사용하기로 했지!

이제 얼른 학교로 달려가 책을 팔고 컴퓨터를 사기만 하면 끝이었지. 그때 누군가의 목소리가 들려왔어.

목소리의 주인공은 버사 박사님이었어.

고양이 한 마리가 사라지는 바람에, 버사 박사님은 쉬지도 못하고 찾으러 나선 거야.

버사 박사님이 너무 많이 걸어 다니시면 안 될 것 같아서, 내가 피클스를 찾을 테니 현관 앞에 앉아 기다리시라고 했어.

나는 책을 팔아 중고 컴퓨터를 살 계획이었지만, 잠깐 시간을 내서 고양이를 찾겠다고 박사님에게 말씀드렸어.
문제는 고양이가 어디 있는지 도대체 알 길이 없다는 거였지!
나는 온 동네를 샅샅이 뒤졌어!

하지만 피클스의 모습은 어디에서도 찾을 수 없었지.
그때 무슨 소리가 들렸어.

마침내 피클스를 찾았어!

피클스는 높은 나무 위에 있었어. 고양이는 발톱이 있어 나무를 잘 기어오르지만, 내려오는 건 서툴다고 한 거 기억나?
난 사다리를 타고 올라갔지만 피클스에게 손이 닿지 않았어.

정말 난처한 상황이었어.
한시라도 빨리 학교로 가야 하는데 말이야!
늦게 가면 내 책을 살 친구들이 다 가 버릴 거야!

그때 퍼뜩 떠오른 생각이 있었어.

됐어! 피클스를 내려오게 할 묘책이 떠올랐어.
참치 샌드위치를 미끼로 사용하는 거였지!

이제 와서 돌이켜 보면, 그때 조금 더 신중했어야 했어.
이것 때문에 너무나도 끔찍한 공격을 받았거든.

피클스를 데려가자, 버사 박사님은 무척 기뻐하셨어.

기다리는 동안 버사 박사님은 내 책을 좀 읽으셨대.
그리고 피클스를 찾아 준 보답을 하고 싶다고 하셨지.

컴퓨터를 사는 데 1달러가 무슨 도움이 될까 싶었지만,
그래도 고맙다고 인사하고서 학교로 달려갔어.

나는 있는 힘을 다해 달렸어. 피클스를 찾느라 상당히 늦었거든.
아무도 남아 있지 않을까 봐 걱정되었지.

학교에 도착한 나는 사방을 둘러보았어.

그리고 마침내 아이들을 발견했지.

아아, 너무 늦고 말았어! 다들 집에 가 버렸지. 그때 베이가 나타났어.

나는 그동안 아르바이트를 해서 모은 돈과 용돈을 절약해 모은 돈을 전부 꺼냈지만, 그걸로는 턱없이 부족했어.

그때 버사 박사님이 아까 가방에 넣어 주신 돈이 기억났어. 그거라도 보탤 생각이었지. 그런데 봉투 속에 든 것은 돈이 아니었어.

봉투를 열자, 그 속에 든 것은…….

유타랍토르는 약 1억 3000만 년 전에 살았던 공룡이야. 티라노사우루스 렉스의 사촌으로, 결국 조류로 진화해 간 공룡 집단에 속하지.

어떤 과학자는 유타랍토르의 몸에 깃털이 나 있었다고 생각해.
아마 자동차만 한 크기의, 거대한 육식 칠면조처럼 보였을 거야.

유타랍토르   자동차

베이가 공룡 광팬이라고 했지? 버사 박사님은 내 책을 보시던 중 공룡 만화에서 베이를 언급한 글을 읽으신 게 분명해.

그래서 내 가방에 이 발톱을 넣어 두신 거야.
그것은 효과 만점이었어!

이렇게 해서 마침내 나는 새 컴퓨터를 얻게 되었어.
완전히 **새것**은 아니지만, 사람과 공룡과 동물이 지구에서 살아온 긴 시간과 비교하면 아주 새것이나 다름없지.

그리고 걱정 마.
나는 공룡 발톱의 대가로 **오직** 컴퓨터만 얻은 게 아니거든.

베이가 파는 캔디도 엄청 많이 얻어 냈다는 말씀!

제9장
변하지 않는 것

자, 드디어 마지막 장에 왔어! 이 책이 고양이 지옥처럼 완전히 개판은 아니라고 다들 생각해 주길 바랄 뿐이야. 아니, 고양이판이라고 해야 하나? 그렇다고 생각한다면, 달리 할 말이 한 마리도 없네.

내가 산 중고 컴퓨터는 아주 훌륭해. 지금 이 글도 컴퓨터로 쓰고 있어. 컴퓨터 게임도 하지만, 그렇게 많이 하진 않아. 대개는 버사 박사님을 도와드리는 데 사용하고 있어. 지금은 컴퓨터를 사용하는 방법을 가르쳐 드리고 있지. 버사 박사님이 논문을 잘 정리할 수 있도록 말이야.

나는 아르바이트해서 번 돈과 책을 팔아 번 돈으로 버사 박사님에게 스캐너를 사 드렸어.

이제 버사 박사님은 뭐든지 스캔해 컴퓨터에 저장할 수 있고, 고양이와 닭을 위한 공간을 더 많이 확보할 수 있게 되었어.

걱정하지 마. 스캐너 근처에서는 화이트 수정액을 사용하지 않을 테니까 말이야. 종이 위에 하얀 얼룩이 생겼다면, 그것은 내가 아니라 닭이 한 짓일 거야.

버사 박사님이 들려주신 이야기 중에서 한 가지 흥미로운 게 있어.

유인원에서 돌연변이를 통해 생겨난 사람은 여러 종류가 있었대.
그중 체구가 크고 튼튼한 종을 호모 네안데르탈렌시스,
혹은 간단히 '네안데르탈인'이라고 불러.

체격이 훨씬 작은 호모 플로레시엔시스도 있었어.
'플로레스인'이라고도 하는데, 인도네시아의 한 섬에서 살았어.
키가 1m 정도로 다섯 살짜리 어린이만 했대.
최초로 불을 만들고 창을 사용한 호모 에렉투스도 있었지.

그 밖에도 여러 종이 있었지만 대부분은 사라지고
호모 사피엔스만 오늘날까지 살아남았지.
너희와 나, 그리고 지구상에 있는 사람은 모두 호모 사피엔스야.
겉모습과 행동이 약간 다르더라도, 우리는 모두
같은 종의 사람이야.

버사 박사님 말에 따르면, 다른 인류 종들과 달리 호모 사피엔스는
대화를 나누고 함께 협력하는 능력이 아주 뛰어났대.

이 능력은 사람들이 이렇게 오랫동안 살아남는 데 큰 도움이 되었고,
앞으로도 오랫동안 살아갈 수 있도록 도와줄 거야.
제발 그렇게 되길!

이 책을 쓰면서 배운 게 하나 있다면,
지구의 모든 것은 항상 **변한다**는 거야.
진화가 의미하는 것은 바로 이거야.
변하지 않는 게 단 하나 있다면, 그것은 바로 모든 것이 변한다는 사실!
변화가 항상 나쁘기만 한 건 아니야.
좋은 돌연변이도 있어. 바로 너처럼 말이야!

요점은 항상 모든 상황에 대응할 준비가 돼 있어야 한다는 거야.

그리고 혹시 실패하더라도,
가방 속에 참치 샌드위치를 챙기는 걸 잊지 마!

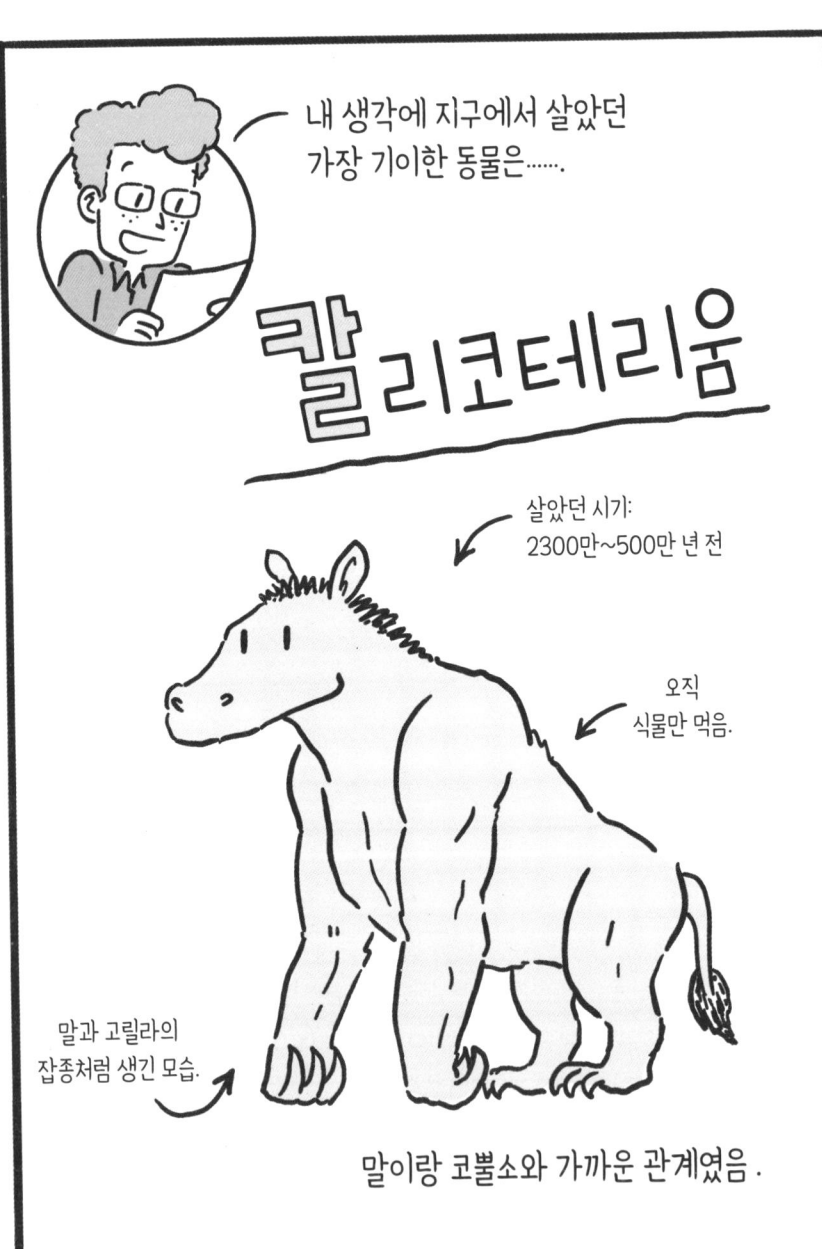

칼리코테리움은 앞발에 달린 거대한 발톱으로 나무를 쓰러뜨리고 그 잎을 먹었어.

기묘한 사실은 칼리코테리움에게 발톱이 있었다가, 발굽이 생기면서 발톱이 사라졌는데, 시간이 지나자 다시 발톱이 생겼다는 거야.

수백만 년 동안
발톱이 두 번이나 진화한 거지!
이것을 **재진화**라고 불러.

이크티오사우루스는 파충류에서 유래했고, 파충류는 어류에서 유래했어.
따라서 이크티오사우루스는 수천만 년이 지나 다시 이전에 살던 물로 되돌아간 파충류야!

기묘한 점은 어류와 돌고래와 이크티오사우루스는 모두 비슷하게 생겼지만, 직접적인 연관 관계가 전혀 없다는 거야.

이렇게 관련이 없는 생물이 유사한 환경에 적응한 결과로 겉모습이 비슷하게 진화한 것을 **수렴 진화**라고 불러!

더 배우고 싶은가요?

많은 정보를 얻을 수 있는 홈페이지를 확인해 보세요.

동네에 있는 공공 도서관에 가는 것도 좋은 방법이에요!
분명 진화나 생명의 역사에 관한 자료나 책이 많이 있을 거예요!

미국 국립 자연사 박물관: https://naturalhistory.si.edu/
미국 자연사 박물관: https://www.amnh.org/
국립 중앙 과학관: http://www.science.go.kr/
국립 생물 자원관: https://species.nibr.go.kr/

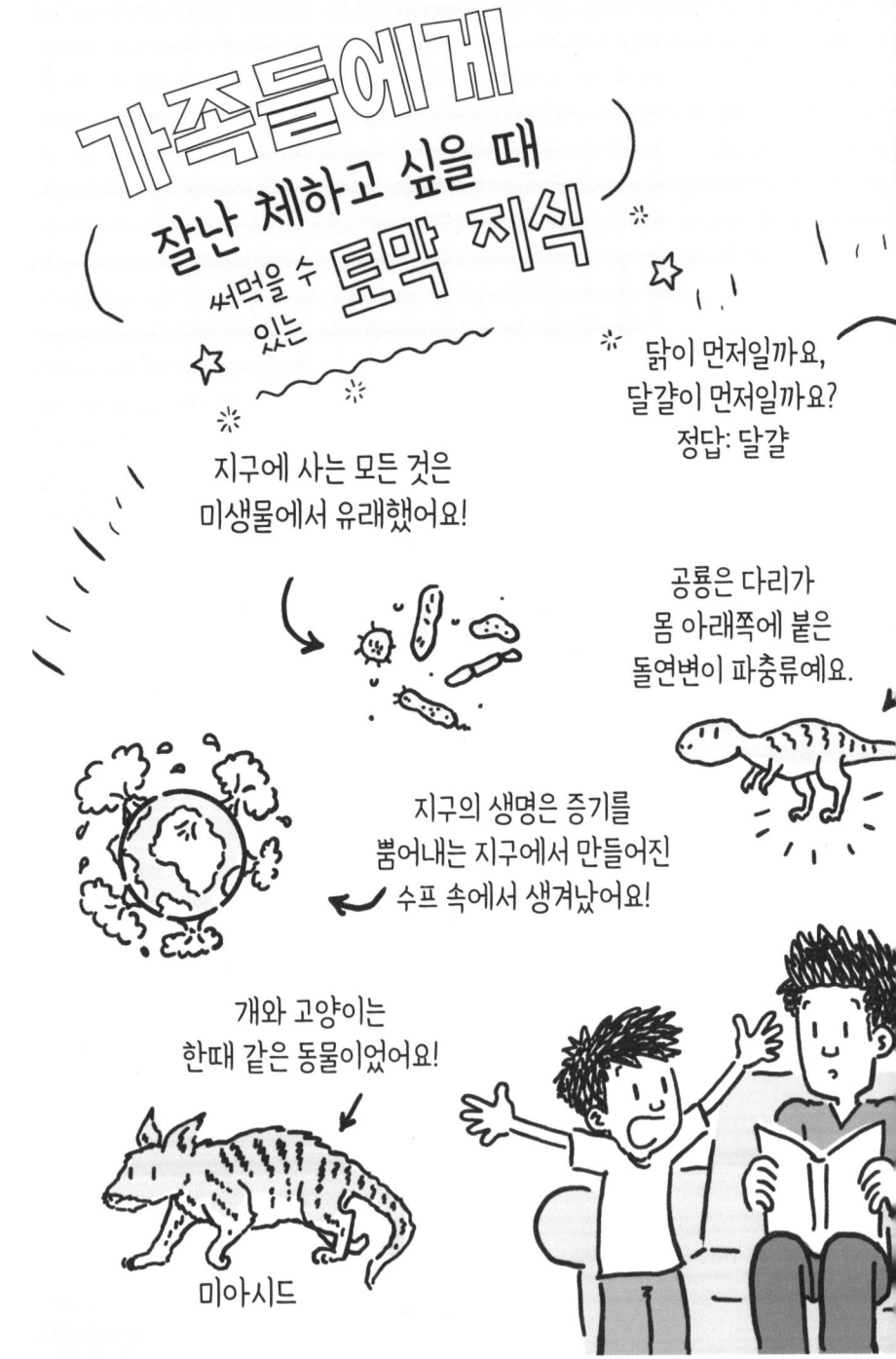

감사의 글

캘리포니아 공과 대학교 우드워드 피셔 박사님, 워싱턴 대학교 세인트루이스 캠퍼스의 조너선 로소스 박사님, 콜로라도 대학교 자연사 박물관의 윌리엄 테일러 박사님, 시카고 필드 자연사 박물관의 징마이 오코너 박사님을 비롯해 이 책에 실린 모든 내용이 정확한지 확인해 준 과학자들에게 큰 감사를 드립니다. 개 찰리의 이름과 모습을 사용하게 허락해 준 누넌 가족에게도 감사드립니다.
하워드 리브스와 에이브럼스 팀, 세스 피시먼과 거너트 팀에게도 정말 감사드립니다. 내게 많은 영감을 주는 사람이자 비공식적 공동 저자인 수엘리카와 엘리너, 올리버(진짜 올리버)에게도 감사드립니다.

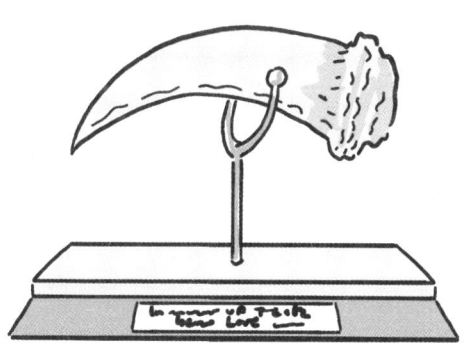

찾아보기

ㄱ
개의 진화 192~196
검치호 25~28
고생물학자 18
공룡 138, 146~147

ㄴ
남세균 86
네안데르탈인 238
늑대 190, 192~194

ㄷ
다세포 생물 108~109
단궁류 138, 191
대멸종 167~173
도도 246~247
똥 화석 186~187

ㄹ
돌연변이 100
드레드노투스 153

ㅁ
마스토돈 73
말의 진화 199~200, 202~203
무궁류 138, 191
미생물 79
미아시드 19~21, 103~104

ㅂ
방귀 85~88
벨로키랍토르 73
부유물 69, 78-79

ㅅ
소행성 168
수렴 진화 245
수장룡 145
스텔라바다소 247
스트로마톨라이트 89~90
시아노박테리아 86

ㅇ
아르젠티노사우루스 130, 152~153
양서류 134~136
어룡 145
어류 134
메소히푸스 200
여행비둘기 247
열수 분출공 61
영장류 214~215
원시 수프 54~57
유카탄반도 168
유타랍토르 232~233
이궁류 138, 191
이크티오사우루스 244~245
익룡 131, 145

254

ㅈ
자연 선택 99~103
재진화 243
직립 보행 218
진화 48

ㅊ
최초의 사람 217~218
칙술루브 충돌체 168

ㅋ
칼리코테리움 74, 242~243
코엘루로사우루스류 179~180

ㅌ
태즈메이니아늑대 247
트리케라톱스 132
티라노사우루스 렉스 127, 139, 179~180, 187

ㅍ
파충류 134, 136~138, 146~147, 191
페름기-트라이아스기 대멸종 171~172
포유류 191, 199
프로아일루루스 25~26
프테라노돈 131, 144~145
플로레스인 238

ㅎ
하이코우이크티스 111
해구어 111
호모 네안데르탈렌시스 238
호모 사피엔스 239
호모 에렉투스 238
호모 플로레시엔시스 238
화산 61, 82
화석 72, 174, 186
황금두꺼비 247